Franz-Xaver Kaufmann
Der Ruf nach Verantwortung

Band 4138

Das Buch

Verantwortung stellt eine ethische Grundkategorie unseres gegenwärtigen Selbstverständnisses dar. Dennoch droht der unkritisch gebrauchte Modebegriff zu einer wirkungslosen Zauberformel zu verblassen, zumal der Ruf nach Verantwortung nicht nur den einzelnen, sondern komplexe Organisationen miteinbezieht. Die Welt, in der Verantwortung gefordert wird, ist unübersichtlicher geworden, sie hat sich geändert. Wann sind Menschen in ihrer Verantwortlichkeit überfordert? Können Organisationen Verantwortung tragen? Wie kann Haftung aussehen? Der namhafte Bielefelder Soziologe Franz-Xaver Kaufmann klärt sehr konkret und lebensnah, was Verantwortung als Appell – vor dem Hintergrund des gesellschaftlichen Strukturwandels – der Sache nach ist und wie Verantwortlichkeit heute individuell und kollektiv wahrgenommen werden kann. In einer bestechend klaren Analyse findet der Leser wegweisende Lösungen vorgezeichnet. Ein notwendiges Buch für ein Schlüsselproblem unserer Zeit.

Der Autor

Franz-Xaver Kaufmann, geb. 1932 in Zürich, Professor für Soziologie und Sozialpolitik an der Universität Bielefeld. Zahlreiche Veröffentlichungen zur Religions-, Rechts-, Wirtschafts- und Familiensoziologie sowie zur Bevölkerungswissenschaft und Sozialpolitik.

Franz-Xaver Kaufmann

Der Ruf nach Verantwortung

Risiko und Ethik
in einer unüberschaubaren Welt

Herder
Freiburg · Basel · Wien

Originalausgabe

Printed in Germany – Alle Rechte vorbehalten
© Verlag Herder Freiburg im Breisgau 1992
Satz: Fotosetzerei G. Scheydecker, Freiburg im Breisgau
Druck und Einband: Freiburger Graphische Betriebe 1992
Umschlaggestaltung: Joseph Pölzelbauer
Umschlagbild: René Magritte, Golconde, 1953, Privatsammlung
© VG Bild – Kunst, Bonn 1992
ISBN 3-451-04138-3

Inhalt

Vorwort 7

1. **Einleitung: Zauberformel Verantwortung** 9

2. **Der Ruf nach Verantwortung: Zusammenhänge** 15
2.1 Risikogesellschaft 15
2.2 Wirtschaftsethik 20
2.3 Verantwortungsethik 24

3. **Risiko und Verantwortung** 30
3.1 Risiko und Entscheidung 30
3.2 Arten der Verantwortung 40

4. **Gesellschaftliche Komplexität als Herausforderung an die Ethik** 47
4.1 Die Verlängerung der Handlungsketten durch organisierte Arbeitsteilung 48
4.2 Die Veränderung der Verantwortungsproblematik ... 56

5. **Verantwortung und Verantwortlichkeit** 66
5.1 Positionsgebundene Verantwortung 70
5.2 Verantwortlichkeit als Bündel personenbezogener Fähigkeiten 75
5.3 Zur Verantwortung von Organisationen 81
5.4 Zur Rolle von Sonderethiken 91

6.	Grenzen der Verantwortung	96
6.1	Entscheidungsbereitschaft	96
6.2	Strategien des Umgangs mit Gefährdungen	102
6.3	Schlußfolgerungen	109

Anmerkungen 115

Vorwort

Diese Studie fußt auf früheren Überlegungen zur Verantwortungsproblematik, welche hier zur Risikoforschung und zur Wirtschaftsethik in Beziehung gesetzt werden. Sie will die anstehenden Fragen auf dem neuesten Stand der wissenschaftlichen Diskussion, aber in einer auch für Laien verständlichen Form erörtern. Dies erfordert gelegentlich, auf Fachbegriffe zu verzichten und die Probleme mit einer gewissen Ausführlichkeit zu umschreiben. Gleichwohl werden zentrale Perspektiven auch begrifflich verdeutlicht. Auf eine ausführliche Dokumentation der verschiedenen Fachdiskussionen, auf die hier Bezug genommen wird, mußte verzichtet werden, ebenso auf eine intensivere Auseinandersetzung mit abweichenden Auffassungen. Weiterführende Literaturhinweise finden sich in den im Anmerkungsteil aufgeführten Werken.

Auch wenn die Betrachtungsweise der Probleme interdisziplinär angelegt ist, so wird die Darstellung doch von einer soziologischen Perspektive geführt. Zentral ist dabei die These, daß die Verantwortungsproblematik heute nicht mehr auf der Basis individualethischer Überlegungen angemessen erörtert werden kann. Die meisten Probleme, für deren Lösung jetzt ‚Verantwortung' gefordert wird, beziehen sich auf Organisationen, d.h. arbeitsteilig strukturierte Akteure, denen mit moralischen Zumutungen kaum beizukommen ist. Solange die Eigenarten organisierter im Unterschied zu individuellen Handlungen nicht systematisch bedacht werden, muß die ethische Reflexion notwendigerweise hinter den tatsächlichen Problemen herhinken.

Ich danke Herrn Dr. Rudolf Walter für seine freundlich-hartnäckige Ermunterung zum Schreiben dieses Buches und Frau Annegret Gudereit für die zuverlässige Herstellung des Manuskriptes.

Bielefeld, im August 1992

Franz-Xaver Kaufmann

1. Einleitung:
Zauberformel Verantwortung?

Verantwortung und Verantwortlichkeit stehen heute hoch im Kurs. Daß es Verantwortung geben muß, und daß Menschen verantwortlich handeln *sollen*, ist trotz allem Pluralismus und Relativismus in unserer Kultur unbestritten. Verantwortung scheint zu einer ehtischen Grundkategorie geworden zu sein. Wo etwas schiefgeht, wird nach den ‚Verantwortlichen' gerufen; Politiker und Wirtschaftsführer bieten sich an, ‚die Verantwortung zu übernehmen'; Philosophen wie Hans Jonas oder Peter Saladin sprechen vom ‚Prinzip Verantwortung'; Grüne/Alternative fordern die Univeralisierung der staatlichen Verantwortung für die technische Entwicklung und die natürlichen Grundlagen unseres Zusammenlebens. Gleichzeitig wird eine zunehmende Verantwortungslosigkeit beklagt, die sich beispielsweise im Straßenverkehr, in der öffentlichen Verwaltung oder auch im Wirtschaftsleben, ja sogar in der Familie ausbreiten soll. Jeder soll – so wird gefordert – die Verantwortung für die Folgen seines Handelns übernehmen, und zwar nicht nur im privaten, sondern auch im beruflichen Bereich: Die Wissenschaftler sollen für die Folgen ihrer Entdeckungen, die Regierung für die Folgen ihrer Politik, die Ärzte für die Folgen ihrer Eingriffe und die Wirtschaftsunternehmen für die Folgen ihrer Produktionsweise verantwortlich gemacht werden.

Im Vergleich zur praktischen Bedeutung, die heute der Kategorie der Verantwortung zugemessen wird, nimmt sich die Literatur, welche den Begriff nicht einfach voraussetzt, sondern ihn zu klären versucht, eher bescheiden aus. Liest man beispielsweise den Versuch einer interdisziplinären Verständigung über das in diesem Zusammenhang wohl zentrale Thema ‚Verantwortlichkeit und Recht'[1], so bleibt eine gewisse Ratlosigkeit zurück, worin denn nun das Gemeinsame bestehe, das all die verschiedenen Vorstellungen und Sprechweisen gerade unter der Kategorie der Verantwortung und Verantwortlichkeit zu versammeln gestattet. Diese Kritik richten auch zahlreiche Kommentatoren an den Aufsatz „Verantwortung und soziale Fallen" von Hans Lenk und Matthias Maring, der in jüngster Zeit eine lebhafte Diskussion ausgelöst hat.[2] Die „durchaus lebendige Vielfalt und Häufigkeit bis zum Überdruß, in der heute die Vokabel der Umgangssprache einverleibt ist"[3], läßt auch die wissenschaftlichen Denk- und Redeweisen nicht unberührt.

Als Soziologe vermute ich, daß das Allgemeinwerden des Rufes nach Verantwortung und die verbreitete Klage über mangelnde Verantwortlichkeit sowie die gleichzeitige Unbestimmtheit dessen, was damit gemeint ist, eher einer Veränderung der sozialen Verhältnisse als gedanklicher Nachlässigkeit zuzuschreiben ist. Die Wahrnehmung von Verantwortung wird dadurch gleichzeitig notwendiger und schwieriger. Nahezu alle nachdenklichen Interpreten der Verantwortungsproblematik weisen darauf hin, daß heute *widersprüchliche* Tendenzen am Werk sind: *Einerseits wird Verantwortung für alles und jedes gefordert, also eine Ausdehnung der Verantwortungsbereiche* angestrebt. *Andererseits werden* – nicht zuletzt in den geistes- und sozialwissenschaften Debatten – *die Grenzen menschlicher Verantwortungsfähigkeit thematisiert, indem der Einzelne eher als Opfer denn als Täter der Verhältnisse beschrieben wird.* Ambrose Bierce bringt diese Problematik in „Des Teufels Wörterbuch" (engl. 1966) auf die sarkastische Definition: „Verantwortung: eine abnehmbare Last, die sich leicht Gott, dem Schicksal, dem Zufall oder dem Nächsten aufladen läßt."[4] Der Philosoph Otfried Höffe macht in diesem Zusammenhang darauf aufmerksam, daß Verantwortung historisch und bedeutungsmäßig stets mit Anklage und Verteidigung zu tun hat: Man hat sich für etwas zu verantworten, wenn der Verdacht besteht, „man habe eine Aufgabe oder eine Norm verletzt. Die Antwort darauf hat die Bedeutung einer Rechtfertigung oder Verteidigung."⁵ So fordert man üblicherweise in unserer Gesellschaft die Verantwortung *der anderen*, die man gerne für persönliche oder auch allgemeine Übel, Mißstände oder Risiken zur Verantwortung ziehen möchte. Dies steht in auffallendem Gegensatz zum liberalen Prinzip der ‚Eigenverantwortung', das den früheren Sprachgebrauch prägte. Selbst dort, wo Menschen sich heute anbieten, ‚Verantwortung zu übernehmen', wie dies vor allem Politiker und Wirtschaftsführer gerne erklären, bleibt die Ernsthaftigkeit dieses Angebots oft fragwürdig.

In diesem kleinen Buch soll versucht werden, das Knäuel von Pathos, Furcht und Moral, das sich um die Kategorie der Verantwortung gelegt hat, ein wenig zu entwirren. Kein Zweifel: Verantwortung ist eine Schlüsselkategorie unseres gegenwärtigen Selbstverständnisses, das belegt nicht zuletzt die Zahl der im letzten Jahrzehnt erschienenen Bücher mit dem Wort ‚Verantwortung' im Titel. Dabei handelt es sich überwiegend um Schriften mit einem ethischen Anspruch oder aber um Werke der praktischen Philosophie.⁶ Besonders häufig wird dabei Verantwortung in Beziehung gesetzt zu den spezifischen *Risiken*, denen unsere Gesellschaft ausgesetzt ist: Risiken der technischen Entwicklungen, der Umweltbelastung, aber auch der Arbeitslosigkeit und des inneren wie äußeren Unfriedens. ‚Verantwortung' scheint eine Zauberformel zu sein, um die Gefahren, von denen wir umgeben sind, zu bannen. Daraus wird bereits deutlich, daß das Wort heute begrifflich überfrachtet wird. Verantwortung kann nicht alle Probleme lösen, aber sie hat einen näher zu bestimmenden Stellenwert im Rahmen der Gesamtheit unserer Bemühungen, mit den uns Furcht einflößenden Gefahren fertigzuwerden.

Auch ‚Risiko' ist ein ähnlicher Modebegriff geworden wie ‚Verantwortung'. Kaum ein anderer Buchtitel hat in den letzten Jahren eine vergleichbare begriffliche Karriere gemacht wie Ulrich Becks ‚Risikogesellschaft' (1986). Seit Mitte der 80er Jahre wird die *Risikoforschung* zu einem gleichzeitig von mehreren Disziplinen getragenen Unterfangen, und die Zahl der Bücher und Aufsätze, in denen das Wort ‚Risiko' im Titel vorkommt, wächst von Jahr zu Jahr. ‚Tschernobyl' scheint ‚Auschwitz' als symbolischen Bezugspunkt aller Katastrophen zu verdrängen.

Risiko ist zu einem Reizwort geworden, das in seiner Ambivalenz irritiert: Soll man nun Risiko eingehen oder nicht? Die alte Spruchregel „Wer nicht wagt – der nicht gewinnt" scheint nicht mehr über jeden Zweifel erhaben. Und wenn man nach Kriterien fragt, nach denen Risiken einzugehen oder nicht einzugehen sind, so lautet die häufigste Antwort, man solle nur solche Risiken eingehen, die man *verantworten* könne. Eben dies scheint das Neue zu sein, daß ‚unverantwortbare' Möglichkeiten entstanden sind, gegen die zuerst von Hans Jonas das dem progressiven ‚Prinzip Hoffnung' Ernst Blochs entgegengesetzte, im Kern bewahrende ‚Prinzip Verantwortung' ins Feld geführt wurde. Die Zukunft des Menschen erscheint durch die Maßlosigkeit der technischen und ökonomischen Fortschritte gefährdet. Und dieser unbezweifelbaren Dynamik soll das Prinzip der Verantwortung, d. h. „die als Pflicht anerkannte Sorge um ein anderes Sein"[7] entgegengesetzt werden.

Auch wenn der Risiko- und der Verantwortungsdiskurs unterschiedlichen Kontexten entspringen, so sind doch beide ihrem Sinn nach aufeinander bezogen, wie im folgenden zu zeigen sein wird. Dabei geht es darum, das Pathos beider Begriffe zu hinterfragen und die Problemlage genauer auszumachen, auf die sie sich beziehen. Deshalb werden im folgenden zuerst die Zusammenhänge erörtert, in denen die beiden Begriffe heute besonders aktuell sind (Kapitel 2). Daran anschließend soll das Verhältnis von Risiko und Verantwortung untersucht werden. Daraus geht hervor, daß der gemeinsame Bezugspunkt beider Begriffe das Problem der *Entscheidung* und ihrer *Folgen* ist (Kapitel 3). Im Zuge der Modernisierung werden aber die Handlungsketten immer länger und vernetzter, so daß einerseits die Tragweite möglicher Entscheidungen steigt, und gleichzeitig ihre Folgewirkungen immer unabsehbarer werden. Andererseits lassen sich aber unerwünschte Ereignisse immer seltener bestimmten Entscheidungen und erst recht nicht bestimmten entscheidenden Personen eindeutig zurechnen. Denn Entscheidungen von großer Tragweite werden in der Regel nicht von isolierten Individuen, sondern von Personen im Rahmen von Organisationen getroffen, wobei die Organisation selbst als Entscheidungsträger auftritt. Der Anteil der beteiligten Personen an einer Entscheidung wird in der Regel Außenstehenden überhaupt nicht bekannt (Kapitel 4).

Damit stellt sich das Problem der Verantwortung auf neue Weise: Es muß unterschieden werden zwischen der mit organisatorisch bestimmten Positionen und Rollen verbundenen *Aufgabenverantwortung* und der *Verantwortlichkeit* von Personen als ethisch relevanter Kategorie. Hiervon zu unterscheiden ist die Verantwortung korporativer Akteure, also von *Organisationen* (Kapitel 5). Aufgrund dieser Unterscheidungen wird es möglich, deutlicher zwischen den institutionellen, organisatorischen und personenbezogenen Bedingungen eines angemessenen Umgangs mit Gefahren zu differenzieren. So läßt sich das Gewicht ethischer bzw. moralischer Faktoren im Verhältnis zu den übrigen Entscheidungsbedingungen besser einschätzen (Kapitel 6).

Die Vorstellung oder das Postulat, die Großrisiken unserer Zeit ließen sich durch die Übernahme von Verantwortung lösen, ist offensichtlich kurzschlüssig. Warum dies der Fall ist, soll uns im folgenden beschäftigen. Es geht darum, begreiflich zu machen, inwiefern diese Risiken unsere Verantwortungsfähigkeit überschreiten, aber es geht auch darum, den Inhalt der Forderung nach Verantwortung und Verantwortlichkeit zu präzisieren und nach den Bedingungen zu fragen, unter denen die damit bezeichneten Leistungen erbracht werden können. Gleichzeitig ist zu verdeutlichen, wann eine Überforderung der Verantwortungsfähigkeit vorliegt und wodurch sich Menschen auszeichnen, die als besonders verantwortungsfähig gelten können. Schließlich sollten wir zu verstehen suchen, weshalb heute jedermann geneigt ist, von anderen Verantwortung zu fordern, ohne sie jedoch selbst übernehmen zu wollen. Hierbei handelt es sich in der Regel nicht einfach um ein Phänomen des moralischen Verfalls, sondern um Situationen, zu deren Bewältigung unsere herkömmlichen moralischen Maßstäbe nicht mehr ohne weiteres ausreichen.

2. Der Ruf nach Verantwortung: Zusammenhänge

Dieses Kapitel soll uns für die Hintergründe des aktuellen Rufes nach Verantwortung sensibilisieren. Es geht um Selbstverständlichkeiten, die im emphatischen Wortgebrauch meist mitgedacht werden, ihm aber gleichzeitig eine bestimmte, ins Auswegslose verweisende Richtung geben. So werden unter ‚Risiken' meist die in ihren möglichen Folgen unabsehbaren Großrisiken verstanden; ‚Verantwortung' wird eingefordert für Folgen, die außerhalb des normalen Aufmerksamkeitsspielraums der Verantwortungsträger liegen, und die Fixierung des ethischen Problems auf den Begriff der ‚Verantwortungsethik' verweist auf Sachverhalte, die am Rande oder gar außerhalb traditioneller ethischer Diskurse liegen.

2.1 Risikogesellschaft

Was bei der Lektüre der beiden einschlägigen Bücher von Ulrich Beck – ‚Risikogesellschaft' (1986) und ‚Gegengifte: Die organisierte Unverantwortlichkeit' (1988) am meisten irritiert, ist die Selbstverständlichkeit, mit der ein undefinierter Begriff des Risikos bzw. der Unverantwortlichkeit vorausgesetzt wird.[1] Becks Bücher liegen – wie das Buch von Hans Jonas – gedanklich vor der Risikoforschung. Sie drücken Erstaunen und Empörung über den gedankenlosen Umgang mit den Selbstgefährdungen moderner Gesellschaften aus, wie sie uns aus den öffentlichen Diskussionen bekannt sind und hier nur summarisch in Erinnerung gebracht werden können.

a) Die Gefährdung von Mensch und Natur durch mögliche und stellenweise auch eingetretene Folgen der Anwendung von bestimmten physikalischen und chemischen Technologien: Harrisburg und Tschernobyl, Bohpal und Seveso sind zu Symbolen der *Katastrophenträchtigkeit* neuer Technologien geworden, deren mögliche Schäden in keinem Verhältnis zu den Kompensationsmöglichkeiten stehen, die selbst im günstigsten Fall von den Betreibern eingefordert werden könnten. Man gewinnt den Eindruck, daß die Betreiber solcher technischer Fortschritte es letztlich darauf ankommen lassen, in der Hoffnung, daß alles gut gehen werde. Gibt es Störfälle, so werden sie nach Möglichkeit vertuscht. Wenn die Vertuschung nicht mehr möglich ist, werden die zurechenbaren Folgen und erst recht die damit verbundenen Schadenersatzpflichten minimiert. Schließlich wird stets versichert, es habe sich um eine außergewöhnliche Konstellation zufälliger unglücklicher Handlungsverkettungen gehandelt, die so nicht mehr vorkommen könne. Auch die Politik leistet einer solchen Normalisierung der Katastrophenträchtigkeit nicht zuletzt dadurch Vorschub, daß sie durch eine Vielzahl von Sicherheitsvorschriften, Gefährdungsstandards und Aufsichtsbehörden den Eindruck – Beck sagt: die Illusion – erweckt, als ob alle notwendigen und möglichen Vorkehrungen getroffen seien und daher die Katastrophenträchtigkeit auf ein minimales ‚Restrisiko' zurückgeschraubt worden sei.

Der erste Risikodiskurs bezieht sich somit auf das *Problem der Hochtechnologie*. Für Hochtechnologie ist charakteristisch, daß ihr Versagen im Unterschied zu den herkömmlichen Technologien nicht zu einem bloßen Stillstand bzw. zur Wirkungslosigkeit, sondern zu *unabsehbaren Folgewirkungen* führt, die sich selbst nicht mehr in Form technischer Vorkehrungen grundsätzlich verhindern lassen. Die Katastrophenträchtigkeit solcher Technologien läßt sich nur eindämmen, nicht beseitigen. Daher verschiebt sich der Risikodiskurs aus der technikimmanenten Erörterung in den politischen und sozialen Kontext. Hochtechnologie wird von einem technischen zu einem gesellschaftlichen Problem.[2]

b) Eine Sonderstellung unter den Hochtechnologien nimmt die Biotechnik und insbesondere die *Gentechnologie* ein. Gefährden die physikalischen und chemischen Techniken das Leben auf der Erde durch ihre äußere Einwirkung, so verheißt die Gentechnologie die Möglichkeit, die Art des Lebens selbst zu verändern. Das geschieht selbstverständlich in der wohlmeinendsten Absicht, und es lassen sich schon die vielfältigsten Erfolge – von ungezieferresistenten Getreidesorten bis zu neuartigen Medikamenten – vorweisen. Aber auch hier drängt ein anderer Diskurs nach vorn: Neben die Befürchtung, daß infolge von Störfällen neue, schädliche Lebensformen unkontrollierbare Verbreitung finden könnten, tritt die Frage nach den *Folgeproblemen genetischer Manipulation auf das Verhältnis des Menschen zu seiner lebendigen Umwelt und zu sich selbst.* Die projektive Maß- und Grenzenlosigkeit des Fortschritts scheint fundamentale Prämissen unserer bisherigen Kultur in Frage zu stellen. Das zeigt sich schon heute am Problem des Umgangs mit in-vitro erzeugten Embryonen. Wenn der Mensch sich selbst nicht mehr als seiner Natur nach gegeben, sondern als grundsätzlich technisch beeinflußbar und gestaltbar erfährt, und dies in im Einzelfall irreversibler Weise, so deuten sich *kulturelle Veränderungen* von unabsehbarer Tragweite an. Der Bereich möglicher negativer Effekte bezieht sich hier somit nicht nur auf den Bereich der Ökologie, sondern auch auf denjenigen menschlicher Orientierungssysteme und ihrer Prämissen. Kann die Menschenwürde (Art. 1 GG) noch als unableitbare Prämisse unseres Selbst- und Gesellschaftsverständnisses gelten, wenn – gelegentlich sogar im Namen der Menschenwürde! – das menschliche Erbgut gezielten Eingriffen offensteht?[3]

c) Ein dritter Diskurs über Selbstgefährdungen der Menschheit setzt bei den dramatischen Folgen völlig undramatischer Handlungsweisen unserer Zeit an: Bei den Folgen unseres Verbrauchs organischer Energie – sei es in Form von Autoverkehr, Hausfeuerung, industrieller Nutzung oder von Brandrodungen in der Dritten Welt; bei Produktion, Vertrieb und unvorsichtigem Gebrauch umweltschädlicher Substanzen wie den Fluor-Kohle-Wasserstoffen; beim alltäglichen Transport riesiger Mengen von Rohöl in ungenügend abgesicherten Tankern auf den Weltmeeren. Das sind nur die öffentlichkeitswirksamsten Beispiele, denen hunderte weitere beizufügen wären. Was diese im engeren Sinne *ökologischen Gefährdungen* von den oben genannten Hochtechnologien unterscheidet, ist die *Alltäglichkeit des schädlichen Verhaltens*. Grundsätzlich wäre es zwar möglich, solche Umweltbelastungen durch veränderte Technologien einzuschränken. Manchmal ließen sich die schädlichen Produkte auch durch harmlosere ersetzen. Daran scheint aber nur in Ausnahmefällen ein ausreichendes Interesse zu bestehen. Es bedarf in der Regel staatlicher Auflagen oder künstlicher Produktverteuerung, um Produzenten und Konsumenten zu weniger schädlichen Verhaltensweisen zu veranlassen. Doch auch das gelingt nur beschränkt.

Manchmal fehlt es bereits an der *Einsicht in die Gefährlichkeit* des eigenen Verhaltens, noch häufiger jedoch an der *Einsicht in die Betroffenheit* durch mögliche Folgen. Dies hängt mit einer Eigenart ökologischer Systeme zusammen, die sich mittlerweile auch in anderen sytemischen Zusammenhängen nachweisen läßt: Ökologische Systeme sind dynamische Systeme, d.h. sie können ihren Systemzustand plötzlich und in unvorhersehbarer Weise ändern, meist ausgelöst durch plötzlich auftretende Wechselwirkungen zwischen bestimmten Entwicklungsverläufen. Die *kumulative Wirkung massenhafter, an sich im einzelnen relativ harmloser Verhaltensweisen* ist eben für den Einzelnen nicht wahrnehmbar, und dies um so weniger, als die Umweltschäden in der Regel nicht proportional zum Ausmaß der Umweltbelastung zunehmen. Erst wenn sie weitgehend unbekannte Grenzwerte überschritten haben, kann es zu einer tiefgreifenden Transformation ökologischer Systeme kommen. Das einfachste Beispiel stellt das ‚Umkippen' eines Gewässers dar: Wenn die Belastung mit Schadstoffen eine bestimmte Grenze überschreitet, so sinkt der Sauerstoffgehalt des Wassers so sehr, daß das ökologische Gleichgewicht von Pflanzen und Tieren zusammenbricht und nahezu alles Leben auslöscht. Es wird daher vermutet, daß die Folgen einer massenhaften Schädigung ökologischer Systeme im Regelfall erst dann spürbar werden, wenn es bereits zu spät ist, um den Lauf der Dinge noch zu steuern. Ähnlich wie im Falle der hochtechnologischen Katastrophen ist es daher dem einzelnen kaum möglich, aus eigener Erfahrung zu lernen.

Stärker noch als bei den vorangehenden Risikoarten wird heute bei den ökologischen Risiken ihr *globaler Charakter* betont. Zwar sind nur die Gefährdungen der die Erde vor schädigenden Strahlungen schützenden Ozonschicht offensichtlich globalen Charakters, aber zunehmend werden auch die kumulativen und in der Regel grenzüberschreitenden Folgen anderer ökologischer Risiken in globaler Perspektive thematisiert: Der exponentiell wachsende Energieverbrauch kann zu einem globalen ‚Treibhauseffekt' führen, das Artensterben vermindert den terrestrischen ‚Genpool', die Ausbeutung natürlicher Ressourcen in der Dritten Welt und insbesondere die Zerstörung der Tropenwälder aufgrund der örtlichen Not und der ökonomischen Nachfrage in der Ersten Welt soll zu dramatischen Veränderungen des Weltklimas führen usw.[4]

d) Diese drei Szenarien kollektiver, im Grenzfall globaler Schädigung von Menschen durch Menschen sind, dies sei zunächst festgehalten, *Vorstellungsmodelle* oder Diskurse, welche die öffentliche Meinung beschäftigen und vielen von uns Angst und Sorge bereiten. Welches Ausmaß eventuelle Katastrophen dieser Art annehmen können, und wie wahrscheinlich das Auftreten solcher Katastrophen ist, *wie groß also die objektive Gefahr ist, bleibt ungewiß*. Möglicherweise schädigen natürliche Ereignisse wie Vulkanausbrüche oder die Folgen kriegerischer Konflikte die Natur nachhaltiger als die Folgen unserer Nachlässigkeit, und Naturkatastrophen hat unsere Erde offensichtlich bisher immer wieder verkraftet. Wahrscheinlich fordert der Autoverkehr eines Jahres mehr Todesopfer als eine Reaktorkatastrophe. Und überdies: Sterben kann jeder nur einmal. Daß das Leben lebensgefährlich ist, wissen wir nicht erst seit Erich Kästner. Was als Risiko gilt und welche Risiken zumutbar sind, ist offensichtlich von individuellen und kollektiven Wertungen wie auch von vorherrschenden Vorstellungen über mögliche Kausalitäten und Schadensverläufe abhängig. Und zudem läßt sich die Möglichkeit schädigender Ereignisse auch ganz anders denn als Risiko deuten: Als göttliche Strafe, als drohendes Schicksal, als Folge einer Verschwörung oder als schlichter Zufall. Sowohl der Inhalt wie auch die Art unserer Risikovorstellungen sind *kulturabhängig*.[5]

Die Rede von der Risikogesellschaft und ihre Begründungen beinhalten somit bestimmte Vorentscheidungen, denen nachzugehen sein wird. *Weniger das Ausmaß unserer Gefährdungen als ihre Thematisierung als Risiko wird uns im folgenden beschäftigen.* Das mag denjenigen, der sich Klarheit über die Berechtigung seiner Befürchtungen verspricht, irritieren. Doch uns kann die Einsicht nicht erspart bleiben, daß solche Klarheit in objektivierender Form nicht zu gewinnen ist. Eben darin besteht die unabsehbare Riskiertheit allen Lebens, daß es die Ungewißheit seiner Zukunft stets vor sich hat. Das gilt nicht nur für die öffentlichkeitsträchtigen Großrisiken, sondern auch für die Risiken unseres Lebens ganz allgemein. Selbst wo unsere Versicherungsgesellschaften anhand ihrer Erfahrungen die Wahrscheinlichkeit befürchteter Ereignisse zuverlässig schätzen können, bleibt ihr Eintreten ungewiß, bis es passiert ist. Was Risiko bedeutet, läßt sich an den Gefahren allein nicht ablesen.

2.2 Wirtschaftsethik

Auch der Begriff der Wirtschaftsethik ist erst im letzten Jahrzehnt prominent geworden. Aus der Forderung, daß es eine Wirtschaftsethik geben solle, hat sich allmählich ein Arbeitsgebiet mit Wissenschaftlern, Schriftenreihen, Zeitschriften, Preisausschreiben und neuerdings bereits Handbüchern und Lexika entwickelt.[6] Noch sind jedoch Aufgaben, Konturen und Inhalte wie auch die disziplinäre Zuordnung der Wirtschaftsethik unscharf und umstritten. Den einen gehört sie zur Wirtschaftswissenschaft, den anderen zur Ethik, und von der Sache her müßte wahrscheinlich interdisziplinär argumentiert werden, wobei je nach Fragestellung ganz unterschiedliche Disziplinen heranzuziehen wären. Denn wenn die Wirtschaftsethik wirklich Entscheidungshilfe für die in Unsicherheit geratenen Manager werden sollte – und dies scheint das ehrenwerteste Motiv für die aktuelle Konjunktur von Wirtschaftsethik zu sein – so müßte sie sich auch auf die Probleme einlassen, mit denen Manager konfrontiert sind, und zwar in einer sachbezogenen, aber reflexeren Weise.[7] Wirtschaftsethik müßte sich dann auf die Struktur der Risiken einlassen, mit denen Manager in ihren Entscheidungen konfrontiert sind. Sie müßte Hilfestellung zur Übernahme von Verantwortung geben, sie sollte einen Beitrag zur Entwicklung von Verantwortlichkeit leisten.[8]

Soweit ich sehen kann, bleibt Wirtschaftsethik jedoch nach wie vor im Allgemeinen. Die einen sehen ihre Hauptaufgabe in der ethischen Rechtfertigung des wirtschaftlichen Handelns, während die anderen sie eher als grenzensetzendes Sinnsystem der wirtschaftlichen Autonomie verstehen.[9]

In der Tat stehen die in der Wirtschaft Verantwortlichen heute vor Problemen, die sich mit bloß ökonomischen Kalkülen nicht angemessen entscheiden lassen. Das hängt nicht nur an der gewachsenen Komplexität der ökonomischen Entscheidungen und der wachsenden Vernetzung der Märkte, sondern hat grundsätzlichere Aspekte. Diese werden aus der Perspektive der Probleme der Hochtechnologie und der Umweltbelastung am deutlichsten: Hier (aber nicht nur hier) werden laufend Entscheidungen gefällt, bei denen *negative externe Effekte* zu erwarten oder zumindest nicht auszuschließen sind: Schädigungen Dritter also, die im Regelfalle nicht zu Schadenersatzforderungen führen, ja vielleicht gar nicht führen können. In manchen Fällen sind dabei die Kausalketten der Schädigung durchaus bekannt: Wenn Lösungsmittel oder quecksilberhaltige Substanzen in Gewässer abgeleitet werden, so kann niemand behaupten, die Wirkungen seien unbekannt. Aber ob sie sich mit Bezug auf einen bestimmten Verursacher nachweisen lassen, und ob sich zur Klage aktiv Legitimierte finden lassen, bleibt offen – die toten Fische sind es gewiß nicht! Manche Betriebe müßten längst wegen Unwirtschaftlichkeit schließen, wenn sie mit den vollen Kosten der von ihnen ausgehenden Schädigungen oder aber den Kosten für die Vermeidung der Emissionen belastet würden. Und nicht selten liegen solche Betriebe gerade in strukturschwachen Regionen, wo die Arbeitslosigkeit ohnehin hoch ist. Da werden dann selbst gesetzliche Auflagen oft nicht durchgesetzt.

In diesen vergleichsweise einfach gelagerten Fällen ist einigermaßen klar, wer welche Normen verletzt und welche Güter gefährdet werden. Aber es gibt ein Abwägungsproblem zwischen konfligierenden Werten und Normen bzw. zwischen unterschiedlichen negativen externen Effekten. Für die klassische ethische Maxime der Wahl des geringeren Übels braucht man keine gesonderte Wirtschaftsethik. Aber was ist das geringere Übel: Die Umweltbelastung oder die Arbeitslosigkeit? Und wonach läßt sich das entscheiden?

Dennoch handelt es sich bei diesem Beispiel um einen relativ einfachen Fall, der sich wenigstens grundsätzlich im Rahmen einer Kosten-Nutzen-Rechnung entscheiden ließe: Man schätze den Schaden fortgesetzter Emissionen einerseits, die Kosten für den Unterhalt der freigesetzten Arbeitskräfte bis zu ihrer Wiederbeschäftigung andererseits und vergleiche sie mit den Kosten für die erforderlichen Entsorgungsverfahren. Vielleicht rechnet sich das doch? Aber wer bezahlt dem Unternehmer hierfür Zuschüsse bis zur Höhe der Unterstützungskosten für die sonst arbeitslos werdenden Arbeitskräfte?

Weit schwieriger sind jedoch *Entscheidungen unter Ungewißheit*, bei denen sich Kosten und Erträge angesichts der unklaren Kausalverläufe oder auch nur der Unbekanntheit ihrer Wahrscheinlichkeit *gar nicht rechnen lassen*. Daß Entscheidungen unter Ungewißheit etws anderes sind als Entscheidungen unter (einem kalkulierbaren) Risiko, ist in den Wirtschaftswissenschaften seit der bahnbrechenden Arbeit von Frank Knight[10] grundsätzlich bekannt. Das hindert aber nicht daran, vom unternehmerischen Risiko auch dort zu sprechen, wo es sich eigentlich um Entscheidungen unter Ungewißheit handelt.

Die Einsicht, daß wirtschaftliches Handeln mit negativen externen Effekten belastet sein kann, die aber ihrer Art und Größe nach zumeist unbekannt bleiben, hat im Laufe der letzten zwei Jahrzehnte stark an öffentlichem Gewicht gewonnen.

Im Zusammenhang mit der jüngsten Risikodebatte sind dadurch für manche Formen und Branchen geradezu existenzbedrohende Probleme entstanden. Der liberale Optimismus, daß das marktwirtschaftliche System immer optimale Lösungen finden lasse, konnte auch durch den Zusammenbruch seiner sozialistischen Konkurrenz (die selbst in ökologischer Hinsicht schlechter abschneidet) nicht wiederhergestellt werden. Die Sinnhaftigkeit von Gewinn und Effizienz als ausschließlichen Maßstäben erfolgreichen Wirtschaftens hat an Plausibilität verloren. Doch kann die Sinnhaftigkeit des Wirtschaftens durch eine Wirtschaftsethik wiedergewonnen werden? Mutet es nicht geradezu als paradox an, wenn in einem Wirtschaftssystem, von dem bekannt ist, daß es alle Traditionen und die in ihnen enthaltenen Moralen auflöst,[11] nunmehr nach der Ehtik gerufen wird, um die entstandenen Probleme zu lösen? Der nüchterne Gesellschaftsdiagnostiker Niklas Luhmann fragt nicht zu Unrecht: „Ob Ethik diejenige Theorieform ist, mit der man angemessen auf die Lage der Gesellschaft am Ende dieses Jahrhunderts reagieren kann. In den guten Absichten der Ethik-Fans könnten sich schlimme Folgen verbergen, nämlich eine Ablenkung von allen ernsthaften Versuchen, die moderne Gesellschaft und in ihr das Funktionssystem Wirtschaft zu begreifen."[12]

Dennoch: „Als Schlüsselwort der aufgebrochenen wirtschaftsethischen Diskussion hat sich das in seiner Bedeutung schillernde Wort ‚Verantwortung' herausgeschält."[13] Und die Rede von unternehmerischer Verantwortung ist – wie zu zeigen sein wird – keine leere Rede.

2.3 Verantwortungsethik

Der Begriff Verantwortung läßt sich ethisch von zwei Grundfragen her entwickeln: Erstens Verantwortung gegenüber wem? Als die Frage nach dem Adressaten, dem gegenüber man Rechenschaft ablegen muß, der meine Verpflichtung einfordern kann, dem ich Antwort schuldig bin; und zweitens Verantwortung wofür? Also die Frage nach den Verantwortungsobjekten, deren Beachtung, Förderung oder Erhaltung Gegenstand meiner Verpflichtung ist.

Im traditionellen christlichen Verständnis steht die Vorstellung von Verantwortung in einem doppelten Verweisungszusammenhang, nämlich als Verantwortung gegenüber Gott und als Verantwortung für die den Menschen nach Maßgabe göttlicher Gebote anvertrauten Güter dieser Welt. Die religiöse Begründung von Verantwortung bezieht sich gleichzeitig auf beide Grundfragen: Weil die Welt Gottes Schöpfung ist, ist der Mensch für sie nach Maßgabe seiner Teilhabe an ihr gegenüber Gott verantwortlich. Die Werthaftigkeit des Seins und die Verpflichtung des Menschen resultieren aus dem gleichen göttlichen Schöpfungsakt.

Die neuzeitliche Ethik sucht menschliche Pflichten anders zu begründen: „etsi Deus non daretur" (auch wenn es Gott nicht gäbe). Deshalb lautet ihre Grundfrage in unserem Zusammenhang, warum der Mensch sich zur Verantwortung ziehen lassen *soll*. Die Antwort wird auf sehr verschiedenen Wegen versucht: Werteethisch[14], im Anschluß an Kant prinzipienorientiert[15], tauschtheoretisch[16], diskurstheoretisch[17], um nur die wichtigsten Grundrichtungen moderner Ethik zu nennen. Als ethische im strengen Sinne liegt diese Frage jedoch jenseits einer sozialwissenschaftlichen Betrachtung. Im ‚Ruf nach Verantwortung' wird ja stets vorausgesetzt, daß Menschen sich verantworten müssen, aus welchen Gründen auch immer!

Bemerkenswerterweise setzen die Diskurse über die sogenannte Verantwortungsethik dieses Problem als bereits gelöst voraus. Der Begriff Verantwortungsethik wurde durch den Soziologen *Max Weber* geprägt, und zwar zu einer Zeit, als die Ethiker den Begriff der Verantwortung noch gar nicht entdeckt hatten.

Weber entwickelte den Begriff der Verantwortungsethik als Gegenbegriff zur Gesinnungsethik im Rahmen von zwei Vorträgen – „Politik als Beruf" und „Wissenschaft als Beruf", die er im Revolutionswinter 1918/19 vor Münchener Studenten gehalten hat.[18] Selten dürften bloß vortragsweise skizzierte Gedanken in einer zudem außergewöhnlichen historischen Situationen eine ähnliche Wirkungsgeschichte gehabt haben. Offensichtlich ist in dieser Unterscheidung eine Einsicht von grundlegender Bedeutung für das moderne Selbstverständnis zur Sprache gekommen.

Die Unterscheidung wird entwickelt an der Frage nach der Verantwortlichkeit des Politikers. Die Option Webers für die Verantwortungsethik steht in schroffem Gegensatz zu den unter seinen studentischen Zuhörern zu vermutenden gesinnungsethischen Orientierungen. Drei Qualitäten, so erklärte Weber, seien „vornehmlich entscheidend für den Politiker: Leidenschaft – Verantwortungsgefühl – Augenmaß. ... Mit der bloßen, als noch so echt empfundenen Leidenschaft ist es freilich nicht getan. Sie macht nicht zum Politiker, wenn sie nicht, als Dienst in einer ‚Sache', auch die *Verantwortlichkeit* gegenüber eben dieser Sache zum entscheidenden Leitstern des Handelns macht. Und dazu bedarf es – und das ist die entscheidende psychologische Qualität des Politikers – des *Augenmaßes*, der Fähigkeit, die Realitäten in innerer Sammlung und Ruhe auf sich wirken zu lassen, also: der *Distanz* den Dingen und Menschen."[19] Eitelkeit, Machthunger und Distanzlosigkeit betrachtet Weber als die Todsünden jeden Politikers, und er fährt fort: „Wir müssen uns klar machen, daß alles ethisch orientierte Handeln unter *zwei* voneinander grundverschiedenen, unaustragbar gegensätzlichen Maximen stehen kann: es kann ‚gesinnungsethisch' oder ‚verantwortungsethisch' orientiert sein. Nicht daß Gesinnungsethik mit Verantwortungslosigkeit und Verantwortungsethik mit Gesinnungslosigkeit identisch wäre. Davon ist natürlich keine Rede. Aber es ist ein abgrundtiefer Gegensatz, ob man unter der gesinnungsethischen

Maxime handelt – religiös geredet –: „Der Christ tut recht und stellt den Erfolg Gott anheim", oder unter der verantwortungsethischen: daß man für die (voraussehbaren) *Folgen* seines Handelns aufzukommen hat."[20] Die Gesinnungsethik beurteilt die Richtigkeit einer Handlung ausschließlich danach, ob sie übereinstimmt mit moralischen Pflichten, ohne Rücksicht auf die konkreten Folgen solchen Handelns; die Verantwortungsethik dagegen beurteilt die Qualität einer Handlung auf der Basis ihrer absehbaren Folgen und von deren Bewertung.

Der Weberschen Unterscheidung ist kritisch entgegengehalten worden, daß sie einen falschen Gegensatz aufbaue, daß es bei einer richtig verstanden ethischen Überlegung stets auf die Gesinnung *und* auf die Folgen der Handlung ankomme. Aber die Unterscheidung bringt eben doch einen wichtigen *historischen* Unterschied zur Sprache: Ältere ethische Diskurse sahen noch nicht die Spannung, die zwischen einer Pflichtenorientierung und einer Folgenorientierung des Handelns auftreten kann. Sie gingen von einem einfachen Modell menschlichen Handelns aus, dessen Reichweite bei den unmittelbaren, für jedermann einsichtigen Ergebnissen endet. Für Weber ist es dagegen völlig offen, ob gute Absichten zu guten oder schlechten Ergebnissen führen. Wir können als eine der zentralen Grundperspektiven seiner Soziologie ein tragisches Bewußtsein ausmachen: Weber betont immer wieder, wie sehr im Laufe der Menschheitsgeschichte – und nicht zuletzt in der vom Christentum geprägten abendländischen Geschichte – die besten Gesinnungen verheerende Wirkungen ausgelöst haben.[21] „Keine Ethik der Welt kommt um die Tatsache herum, daß die Erreichung ‚guter' Zwecke in zahlreichen Fällen daran gebunden ist, daß man sittlich bedenkliche oder mindestens gefährliche Mittel und die Möglichkeit oder auch die Wahrscheinlichkeit übler Nebenerfolge mit in Kauf nimmt, und keine Ethik der Welt kann ergeben: wann und in welchem Umfang der ethisch gute Zweck die ethisch gefährlichen Mittel und Nebenerfolge ‚heiligt'."[22]

Aus den Ausführungen Webers können wir dreierlei folgern:

(1) Die Verantwortungsethik legt das Schwergewicht der Aufmerksamkeit auf die Beurteilung der *Folgen* bestimmter Handlungen. Diese *Folgenorientierung des ethischen Diskurses* verweist in erster Linie nicht auf das normative Problem der Folgenbewertung und ihrer Maßstäbe, sondern auf das *kognitive* Problem der Folgenberücksichtigung und des hierfür erforderlichen Wissens über die Wirkungen bestimmter Ursachen. Die Verantwortungsethik gerät dadurch in eine spezifische Nähe zur wissenschaftlichen Vorgehensweise, insofern sie in der Problemanalyse die wesentliche Leistung des Verantwortungsethikers erkennt. Sie vermag aber keine Kriterien für die Auswahl und Bewertung der Handlungsfolge zu geben, diese lassen sich nämlich nach Weber nicht mehr begründen. Hier steht er unter dem ‚nihilistischen' Einfluß Nietzsches.[23]

(2) Grundlegend für Webers Weltanschauung war die Konflikthaftigkeit der Wertsphären und der mit ihnen verbundenen Gesinnungsethiken. Eben dies veranlaßte ihn zur Forderung, klar zwischen den unvermeidlichen, aber subjektiven Wertungen einerseits und dem wertfreien Kausalwissen andererseits zu unterscheiden. Beide, die gesinnungs- wie die verantwortungsethische Position sind für Weber einer Letztbegründung nicht zugänglich, sondern eine Frage der individuellen Entscheidung. Weber nimmt gegen die Hoffnung Stellung, daß gute Absichten auch gute Wirkungen zeitigen müssen. Motive und Wirkungen des Handelns seien zweierlei, sie stünden in keiner zwingenden, ja nicht einmal in einer wahrscheinlichen Beziehung zueinander. Unter den Bedingungen moderner Rationalität liegt für Weber die verantwortungsethische Position dennoch nahe: Nachdem infolge des Zusammenbruchs religiöser Weltdeutung sich eine Vielfalt der Gesinnungen ausgebreitet hat, *vermag allein wissenschaftliche Rationalität noch konsensfähige Erkenntnisse zu stiften*. Deshalb gewinnt die verantwortungsethische Position gegenüber der gesinnungsethischen an Gewicht.[24]

(3) Weber entwickelt das Problem der Verantwortungsethik

am Beispiel des Politikers und seiner Entscheidungssituation, die im Regelfall durch kurzfristigen Handlungsdruck und die Unmöglichkeit wissenschaftlich-diskursiver Problemanalysen gekennzeichnet ist. Deshalb verlangt er Verantwortlichkeit und Augenmaß, also eher den nüchternen Einsatz des gesunden Menschenverstandes als die Entwicklung komplexer Entscheidungsmodelle. Webers Verantwortungsbegriff ist situationsbezogen und individualistisch und nimmt damit diejenigen Probleme, welche heute überwiegend unter den Begriff der Verantwortungsethik zur Sprache gebracht werden, noch gar nicht in den Blick.[25]

Die Moralität des Verantwortungsethikers besteht also im wesentlichen in der Unvoreingenommenheit und Sachlichkeit, mit der er sich den mutmaßlichen Folgen seines Tun stellt. Sie vermag nichts auszusagen über die Wertkriterien, die der Entscheidende berücksichtigen soll, diese sind vielmehr ausschließlich Ausdruck seiner individuellen Wahl. *Damit verschwindet das klassische ethische Thema des Verantwortungsträgers und seiner Motive aus dem Horizont der Verantwortungsethik. An ihre Stelle tritt die Folgenorientierung.* Diese Einseitigkeit versuchen die einleitend erwähnten ethischen Verantwortungsdiskurse zu korrigieren. Wie jedoch Emanuel Richter herausarbeitet, führt dies zu keiner Synthese der beiden Perspektiven, sondern eher zu einer wechselseitigen Abwertung: „Die zeitgemäße Einsicht in die Notwendigkeit der Verantwortlichkeit befördert ein grundsätzliches Mißtrauen gegenüber wissenschaftlich legitimierten Geltungskriterien ... In der Aktualisierung von Verantwortlichkeit werden wissenschaftliche Legitimationsverfahren generell entzaubert und damit entwertet ... Natürlich wirkt es anrüchig, in Gestalt der relativierenden Reflexivität ein rationales, analytisches Aufklärungsinteresse zu reklamieren, um die Beliebigkeit aller übrigen Formen wissenschaftlicher Rationalität aufzudecken. Die Rationalität der Folgenabschätzung droht sich ihren eigenen Geltungsanspruch zu diskreditieren."[26]

Es ist somit festzuhalten, daß der emphatische Gebrauch der Begriffe ‚Verantwortung' und ‚Risiko' sich auf Umstände bezieht, für die die Begriffe ursprünglich nicht gedacht waren. Man will mit diesen Worten auf ungelöste Probleme verweisen, verwischt aber gerade dadurch den guten, etablierten Sinn dieser Begriffe. Dieser soll daher im folgenden Kapitel zunächst erarbeitet werden.

3. Risiko und Verantwortung

3.1 Risiko und Entscheidung

Die Allgegenwart des Risikobegriffs läßt es als wenig aussichtsreich erscheinen, seinen Sinn aus dem allgemeinen Sprachgebrauch zu entschlüsseln. Bis in die neuesten Publikationen findet sich eine Familie von Wörtern, die zum Bedeutungskreis von Risiko zählen und wechselnden Teilbedeutungen zugeordnet werden: Chance, Gefahr, Wagnis, Schaden, Unsicherheit, Ungewißheit, Wahrscheinlichkeit usw. Es scheint daher zweckmäßiger, an die wenigen ausgearbeiteten Unterscheidungen anzuknüpfen und von ihnen aus die Struktur der Risikoproblematik zu entwickeln.

a) Die älteste Unterscheidung stammt von Frank Knight. Er unterscheidet Entscheidungen unter Risiko von Entscheidungen unter Ungewißheit und versteht den Risikobegriff im Sinne des *kalkulierbaren Risikos*.[1] Damit sind wir im Bereich der traditionellen Risikobetrachtung, wie sie etwa für die Versichungswirtschaft charakteristisch ist: Ein Risiko (R) gilt als Produkt aus der Wahrscheinlichkeit (w), daß ein bestimmtes schädigendes Ereignis eintritt, und dem Ausmaß des Schaden, der mit dem Ereignis verbunden ist (S). Es gilt also: $R = w \times S$ und, sofern der Schaden in Geld gemessen werden kann, läßt sich hiermit vorzüglich rechnen. Dies ist der einfachste Risikobegriff, weil er sich nur auf ein einzelnes Ereignis und seine Wahrscheinlichkeit bezieht, wie dies für den Versicherungsfall charakteristisch ist.

Wenn aber ein Unternehmer in einer Entscheidungssituation steht, hat er *unterschiedliche* mögliche *Ereignisfolgen* und ihren

Wert gegeneinander abzuwägen. Er kann z. B. in verschiedene Produktarten investieren, wobei es für ihn darauf ankommt, bezogen auf die jeweiligen Kosten einen möglichst hohen Gewinn zu erreichen. In diesem Sinne ist der Risikobegriff bei Knight gebaut: *Risiko bedeutet hier beides – Chance und Gefahr*, also die Summe der Wahrscheinlichkeiten des Eintritts bestimmter positiv und negativ bewerteter Ereignisse. In unserem Beispiel: Für jede Produktgruppe werden nun voraussichtliche Kosten und Erträge geschätzt, deren Aufsummierung dann die Gewinn- bzw. Verlustträchtigkeit der in Betracht gezogenen Entscheidungsalternative anzeigt. Diese Kalkulation ist allerdings an die Voraussetzung eines ‚gemeinsamen Nenners' für alle erwarteten Nutzen und Schäden geknüpft; eben dies ist im Rahmen einer auf Geldbasis und nach Konkurrenzprinzipien operierenden Marktwirtschaft durch die entstehenden Preise grundsätzlich in hervorragender Weise gewährleistet.[2] Knight weist allerdings darauf hin, daß solche kalkulierbaren Risiken einen Unternehmer*gewinn*, also Einkünfte, die über den sogenannten Unternehmerlohn als normales Entgelt für die Unternehmertätigkeit hinausgehen, nicht rechtfertigen, und daß damit unter Konkurrenzbedingungen auch nicht gerechnet werden kann. Soweit – beispielsweise aufgrund von Erfahrungswerten – Kosten und Gewinne einigermaßen exakt geschätzt werden können, ist ja unter Konkurrenzbedingungen damit zu rechnen, daß auch andere Konkurrenten ähnliche Informationen besitzen und dementsprechend entscheiden werden. Die wirklichen Gewinnchancen winken einem Unternehmer nur bei *Entscheidungen unter Ungewißheit*, bei denen es also an den notwendigen Informationen fehlt, um die Folgen bestimmter Entscheidungen verläßlich abschätzen zu können. Je mehr der für einen Risikokalkül erforderlichen Informationen fehlen, desto stärker steht eine Entscheidung unter Ungewißheit. Zwar behilft man sich in der Praxis dann häufig damit, die fehlenden Informationen durch *subjektive* Schätzungen zu ersetzen, aber das ist eine lediglich der Beruhigung des Entscheidenden dienende Hilfskonstruktion, die über die Andersartigkeit der Entscheidungssituation nicht hinwegtäuschen sollte: Für ein Versicherungsunternehmen z. B. ist es etwas völlig anderes, ob es die Haftung für die Unfälle einer Fluggesellschaft oder die Betreiber eines Atomkraftwerks übernehmen soll. Im Falle des Luftverkehrs gibt es heute genügend Erfahrungswerte, um das Schadenrisiko realistisch schätzen zu können; bei Atomkraftwerken dagegen fehlt es (glücklicherweise) noch weitgehend an solchen Erfahrungswerten, die bekannt gewordenen Unfälle sind zu selten. Dennoch handelt es sich auch hier noch um eine vergleichsweise einfache Entscheidungssituation. *Unternehmerische* Entscheidungen – z. B. über die Entwicklung eines neuen Flugzeugtyps – enthalten so hohe Unwägbarkeiten, daß es vernünftiger ist, sie nicht durch fragwürdige Wahrscheinlichkeitswerte zu verdecken, sondern sich der Tatsache unvollständiger Information bewußt zu stellen.[3]

b) Eine zweite, für uns aufschlußreiche Unterscheidung haben *Adalbert Evers* und *Helga Nowotny* unter den Begriffen ‚Gefahr‘ und ‚Risiko‘ herausgearbeitet.[4] In Auseinandersetzung mit dem pauschalisierenden Risikobegriff von Ulrich Beck verstehen sie die Zunahme von *Risiken* im Zuge der Modernisierung als Folge der zunehmenden *Gestaltbarkeit* von Gesellschaft, d. h. des immer erfolgreicheren Umgangs mit Gefährdungen von Leben, Gesundheit und Eigentum. Unter Risiko werden somit solche Gefahrpotentiale verstanden, die durch eine Vielzahl von Maßnahmen wie Schutzbestimmungen, Sicherheitstechnologien oder Versicherungen handhabbar und damit in ihren Folgen absehbar und kontrollierbar geworden sind. Gefährdende Ereignisse können entweder durch *präventive* Maßnahmen in ihrem Auftreten behindert, durch *korrektive* Maßnahmen in ihrem Schadenspotential entschärft oder durch *kompensatorische* Maßnahmen in ihren Folgen tragbar gemacht werden.[5] In diesem Sinne bedeutet z. B. der Ausbau und die Sicherung von Autobahnen einen präventiven, die Sicherheitskonstruktionen der Fahrzeuge einen korrektiven und die verschiedenen Formen der Autoversicherung einen kompensatorischen Umgang mit dem Risiko von Autounfällen. *Risiken sind also domestizierte Gefährdungen*, während der Begriff *Gefahr* denjenigen Gefährdungen vorbehalten bleibt, für die es noch keine etablierten Maßnahmen gibt. „Für uns liegt das Besondere des Risikos darin, daß es aus der unbegrenzten Fülle von Handlungen, die mit Ungewißheit und möglichen Schäden verknüpft sein können – also aus dem Schattenbereich der Gefahr –, herausgeholt wurde, daß es durch gesellschaftliche Diskurse thematisiert und benennbar wurde, abgrenzbar und letztlich abwägbar. Nicht zufällig hat sich historisch der Risikobegriff zuerst im Gefährdungsbereich einer zentralen ökonomischen Tätigkeit entwickelt, nämlich der Handelsschiffahrt ... Im ökonomischen Bereich und zugleich an der historischen Schwelle ... (des) Handelskapitalismus ... war es historisch einer Gesellschaft erstmals möglich, bis dahin unbestimmte und unwägbare Gefahren einzugrenzen, zu benennen und gewißermaßen rechenhaft – berechenbar – zu machen: Als eine Gefahr in einem abgegrenzten Zeitraum und Geltungsbereich, bei einer festgelegten Eintrittswahrscheinlichkeit und mit einer bemessenen Valorisierung des Schadens. Risiken entstanden somit in den vom Kapitalismus gelegten Fährten, sie versprachen dem Einzelnen Gewinne, die mit möglichen Verlusten gekoppelt waren. Um sie zu erlangen, muß gehandelt, gewagt, entschieden werden."[6] Die Zunahme von Risiken ist somit nicht gleichzusetzen mit einer Zunahme der Gefährdungen, sondern eher mit einer Zunahme von Sicherheit im Sinne eines zuverlässigen rationalen Umgangs mit gefährlichen Möglichkeiten. In diesem Sinne ist die *gleichzeitige Zunahme von Sicherheit und Risiko* ein zentraler Aspekt im neuzeitlichen Zivilisationsprozeß. Die behaupteten Risiken der Atomkraft, der Gentechnologie oder der Umweltbelastung sind in diesem Sinne keine Risiken, sondern *Gefahren*, denn das Bedrohliche an ihnen besteht ja gerade in der Nichtkontrollierbarkeit ihrer Folgen. Sie als Risiken zu bezeichnen, wie der vorherrschende Sprachgebrauch suggeriert, bedeutet eine Verharmlosung und gleichzeitig eine Verschleierung der Ernsthaftigkeit der Probleme.

c) Eine dritte Unterscheidung hat *Niklas Luhmann* entwickelt, und auch sie bedient sich der Begriffe ‚Risiko' und ‚Gefahr'. Wenn mit Bezug auf künftige Schäden Unsicherheit besteht, gibt es nach Luhmann zwei Möglichkeiten: „Entweder wird der etwaige Schaden als Folge der Entscheidung gesehen, also auf die Entscheidung zugerechnet. Dann sprechen wir von Risiko, und zwar vom Risiko der Entscheidung. Oder der etwaige Schaden wird als extern veranlaßt gesehen, also auf die Umwelt zugerechnet. Dann sprechen wir von Gefahr."[7]

Diese Unterscheidung weist durchaus Gemeinsamkeiten mit derjenigen von Knight auf, da beide den Risikobegriff ausdrücklich auf Entscheidungen mit ihren *positiven und negativen* Folgen beziehen; aber Luhmann faßt auch Entscheidungen unter Ungewißheit im Sinne von Knight unter seinen Risikobegriff.[8] Evers/Novotny dagegen beziehen den Risikobegriff nicht auf Entscheidungen, sondern auf institutionelle Vorkehrungen zum Umgang mit *negativ* bewerteten Möglichkeiten.[9] Aber Luhmann denkt radikaler als die anderen Autoren: Es geht ihm darum zu erklären, warum die Standpunkte der modernen Risikodiskussion so unversöhnlich und die Stellungnahmen so einseitig sind. Um die Bedeutung und Tragweite seiner Unterscheidung zu verstehen, müssen wir etwas ausholen und uns die Intentionen der Luhmannschen Gesellschaftstheorie vergegenwärtigen.

Dieser wohl bedeutendste Gesellschaftstheoretiker der Gegenwart will in seinen Arbeiten die Prinzipien verdeutlichen, mit deren Hilfe moderne Gesellschaften sich selbst begreifen: Es handelt sich um *Unterscheidungen* wie Recht/Unrecht, Wahrheit/Unwahrheit, Eigentum/Nicht-Eigentum, Macht/Ohnmacht. Die sich im Zuge der Modernisierung funktional ausdifferenzierten Teilsysteme benutzen diese Unterscheidungen als *Leitdifferenz*: Das politische System die Unterscheidung Macht/Ohnmacht, das Rechtssystem die Unterscheidung Recht/Unrecht, das Wirtschaftssystem die Unterscheidung Eigentum/Nichteigentum[10] und das Wissenschaftssystem die Unterscheidung Wahrheit/Unwahrheit. Luhmann bezeichnet diese Leitdifferenzen als

Codes der entsprechenden Teilsysteme. Alles was in einem solchen System geschieht, wird dadurch als zum System zugehörig erkennbar, daß es auf diesen Code bezogen wird und sich dadurch von allem anderen unterscheidet. Die ernüchternde Zentralbotschaft der Luhmann'schen Gesellschaftstheorie besagt nun, daß die gesteigerte Leistungsfähigkeit ausdifferenzierter gesellschaftlicher Teilsysteme mit der Indifferenz dieser Teilsysteme gegenüber den *Codes* anderer Teilsysteme und dadurch mit einer *Einseitigkeit* erkauft wird, die sich nicht überwinden läßt, ohne die Leistungsfähigkeit dieser Systeme zu zerstören. ‚*Externe Effekte*‘, wie wir sie oben (1.2) am Beispiel des Wirtschaftssystems erläutert haben, *sind demzufolge keine unglücklichen Zufälle, sondern eine zwangsläufige Konsequenz der systemspezifischen Spezialisierung in modernen Gesellschaften.* Daß z. B. die Naturwissenschaftler sich nicht um politische, wirtschaftliche oder soziale Folgen ihrer Entdeckungen kümmern, ist der ‚notwendige‘ Normalfall im modernen Wissenschaftssystem. Es gehört zur institutionellen Freiheit der Wissenschaft, daß Wissenschaftler von solchen wissenschaftsexternen Ansprüchen entlastet werden; eben dadurch wird ihre Konzentration auf die ja immer unwahrscheinlichen Entdeckungen und Innovationen ermöglicht.

Während ältere Gesellschaftsformen aus relativ unverbundenen, nebeneinander existierenden kleinen und überschaubaren Einheiten bestanden, sind moderne Gesellschaften durch lange Handlungsketten und gegenseitige Abhängigkeiten zu kennzeichnen (vgl. Kap. 4). Sie sind m. a. W. ‚überkomplex‘, in ihnen ist weit mehr möglich, als irgendein Akteur begreifen kann. Deshalb ist die Wirklichkeitswahrnehmung aller Akteure notwendigerweise selektiv und damit einseitig.

Jedes soziale System (aber auch das psychische System des menschlichen Bewußtseins) benutzt *Sinn als Selektionskriterium*, und was ‚Sinn macht‘, bestimmt sich ausschließlich nach seinen jeweiligen Sinnstrukturen. Sozial verbindliche Codes wie die vorstehend genannten erleichtern die ‚richtige‘, d. h. von den

Kommunikationspartnern im *gleichen Sinne* verstandene Information außerordentlich. Deshalb haben nicht kodierte (und erst recht nicht kodierbare) Mitteilungen eine weit geringere Chance, vom Empfänger im Sinne des Absenders verstanden zu werden.

Die *Kommunikation über nichtdomestizierte Gefahren*, wie sie von bestimmten Hochtechnologien oder unseren alltäglichen Umweltbelastungen ausgehen, leidet aus diesem Grunde Not: Ihre Art und Größenordnung passen nicht oder nur schwer in die Kodierungsschemata der gesellschaftstragenden Teilsysteme. Man kann über sie weder im Medium von Wahrheit noch demjenigen des Rechts, noch demjenigen des Geldes oder gar der Macht angemessen verhandeln. Eben deshalb neigt die Diskussion um Umweltgefährdungen zu übertreibender Aufgeregtheit, die nach Luhmann einer angemessenen Auseinandersetzung mit den Problemen eher im Wege steht als sie fördert.[11]

Eine andere Leitdifferenz unserer Weltwahrnehmung bezieht sich auf die Frage nach der *Zurechenbarkeit von Ereignissen* auf uns selbst oder auf Dritte; oder – aus der Perspektive eines Beobachters und daher allgemeiner – auf die Zurechenbarkeit zu einem bestimmten System oder seiner Umwelt. Diese Leitdifferenz wird von Luhmann mit den Begriffen Risiko und Gefahr bezeichnet: Risiko und Gefahr beziehen sich beide auf *zukünftige* Ereignisse, die wegen ihres zukünftigen Charakters *ungewiß* bleiben: „Einerseits kann es zu einem künftigen Schaden kommen – oder auch nicht. Von der Gegenwart aus gesehen ist die Zukunft unsicher, während jetzt schon feststeht, daß die künftigen Gegenwarten in erwünschter oder in unerwünschter Hinsicht bestimmt sein werden. Nur kann man jetzt nicht wissen wie ... Andererseits, und zusätzlich, hängt das, was künftig geschehen kann, auch noch von der gegenwärtig zu treffenden Entscheidung ab. Denn von Risiko spricht man nur, wenn eine Entscheidung ausgemacht werden kann, ohne die es nicht zu dem Schaden kommen könnte."[12] *Risiken* sind also *mögliche* Schäden, die den *Entscheidungen* eines (psychischen oder sozialen) Systems *zugerechnet* werden. Mit Bezug auf eine Entscheidungssituation kann Risiko somit in doppelter Weise negiert werden, „sei es in Richtung auf Sicherheit, wenn man die Unmöglichkeit eines künftigen Schadens behaupet; sei es in Richtung auf Gefahr, wenn man die Zurechenbarkeit des Schadens auf eine Entscheidung bestreitet".[13]

Die Pointe dieser Unterscheidung wird sichtbar, wenn wir sie auf aktuelle Diskussionen katastrophenträchtiger Großrisiken anwenden: Aus der Sicht der Kritiker gehen die Förderer von Hochtechnologien Risiken ein, weil sie die für möglich gehaltenen Katastrophen deren Entscheidungen zurechnen. Aus der Sicht der Förderer dagegen mag es sich um praktisch unmögliche Ereignisse handeln, sie betrachten ihre Technologien als ‚sicher'. Insoweit als diese Erwartungen täuschen, handelt es sich aus ihrer Sicht um Gefahren, die letztlich auf von ihnen nicht zu verantwortende Ursachen zurückzuführen sind.

d) Die drei vorgestellten Risikobegriffe sind zwar nicht identisch, aber überlappen sich in hohem Maße: Für Knight wie für Luhmann sind Risiken ausdrücklich auf Entscheidungen bezogen, und insoweit als Evers und Nowotny ähnlich wie Knight den Risikobegriff auf grundsätzlich kontrollierbare Schadensverläufe hin zuspitzen, ist hier sogar eine rationale Entscheiderperspektive mit gedacht: Der Glaube an die Gestaltbarkeit bestimmter Zusammenhänge ist eine logische Voraussetzung rationaler Risikoübernahme. „Von Gefahren wird man betroffen, nicht von Risiken."[14] Damit wird aber auch die Differenz zur Luhmannschen Perspektive sichtbar: Luhmann bezieht Risiko zwar auf Entscheidungen, aber aus der Perspektive eines *Beobachters*, nicht aus der Perspektive des Entscheiders selbst. Die Unterscheidung von Risiko und Gefahr erfolgt nicht nach dem Kriterium der Kalkulierbarkeit von Gefährdungen, sondern *ausschließlich nach dem Kriterium, ob schädigende Ereignisse auf bestimmte Entscheidungen zugerechnet oder nicht zugerechnet werden*. Auf diese Weise gelingt es Luhmann besser aus den beiden anderen Ansätzen, die tiefgreifenden Kontroversen um den Risiko- oder Gefahrcharakter moderner Hochtechnologien einzufangen. Denn je nach der Art der Zurechnung ändert sich die Verantwortungsverteilung.

Die empirische Risikoforschung zeigt, *daß Entscheider* – auch Unternehmer![15] – *sich anders verhalten, als es die Methoden der rationalen Risikokalkulation nahelegen*. In der rationalen Risikokalkulation wird die Höhe möglicher Schäden mit der Wahrscheinlichkeit ihres Eintretens multipliziert. Deshalb stellen auch große Schadenshöhen bei geringer Eintrittswahrscheinlichkeit nur ein bescheidenes Risiko dar. Reale Entscheider berücksichtigen dagegen individuell und bereichsspezifisch variable, also subjektive *Katastrophenschwellen* bei ihren Entscheidungen: bestimmte Folgen sollen *auf jeden Fall* ausgeschlossen werden, unabhängig davon, wie unwahrscheinlich ihr Eintritt ist. Für viele Menschen – und sie dürften in Zentraleuropa weiter verbreitet sein als in anderen Gegenden der Erde – ist z. B. der Verzicht auf rechtswidrige Verhaltensweisen keine Frage der Wahrscheinlichkeit des Entdecktwerdens, sondern bereits die Möglichkeit einer Anklage gilt als Katastrophenfall, der durch normkonformes Verhalten ausgeschlossen werden soll. Noch größer dürfte der Anteil derjenigen sein, die hier nach der Art der Verstöße unterscheiden: Verstöße gegen Verkehrsregeln oder auch steuerrechtliche Vorschriften beurteilen sie als Kavaliersdelikte, verhalten sich jedoch gleichzeitig hinsichtlich anderer Rechtsnormen grundsätzlich konform.[16] Und wie es somit unterschiedliche Anspruchsniveaus an die eigene Rechtschaffenheit und unterschiedliche Toleranzschwellen hinsichtlich derjenigen von Mitmenschen gibt, so dürfte es auch unterschiedliche Toleranzschwellen hinsichtlich anderer Gefährdungen geben, *Schwellen also, wo die grundsätzlich unterstellbare Risikobereitschaft in Risikoaversion umschlägt*. Diese Schwelle wird von Luhmann als Katastrophenschwellen bezeichnet. Katastrophenschwellen grenzen somit den Bereich des riskanten Entscheidens ein, ganz unabhängig davon, für wie wahrscheinlich oder unwahrscheinlich bestimmte Entwicklungsverläufe gehalten werden.

Hier ist ein letzter Gesichtspunkt einzuführen: Die Größe

eines Risikos ist nicht nur von der Wahrscheinlichkeit des Eintrittes bestimmter Ereignisse und der Höhe der daraus folgenden möglichen Schädigungen abhängig, sondern in allererster Linie vom *Umfang der in Betracht gezogenen möglichen Entscheidungsfolgen*.[17] Entscheidungsrisiken sind daher nicht objektivierbar, denn grundsätzlich läßt sich der Bereich möglicher Folgen einer Entscheidung bis ins Unendliche erweitern. Und je mehr gravierende Folgen in Betracht gezogen werden, desto eher dürfte auch eine Katastrophenschwelle erreicht werden, die zum Verzicht auf eine bestimmte Entscheidungsalternative führt. So wird verständlich, weshalb Kurzentschlossene in der Regel risikofreudiger agieren als Nachdenkliche. Personen und Organisationen als die wichtigsten Entscheidungseinheiten unterscheiden sich hinsichtlich ihrer Risikofreudigkeit und Risikoaversion. Sie halten unterschiedliche Dinge für wahrscheinlich oder unwahrscheinlich. Sie sind in der Regel risikofreudiger dort, wo sie glauben, den Gang der Dinge kontrollieren zu können, als dort, wo sie sich von unkontrollierbaren Ereignissen betroffen erfahren. Deshalb wird insbesondere im Hinblick auf die neuartigen Risiken der Hochtechnologie die Differenz zwischen Entscheidern und Betroffenen zentral.[18] Wer von Entscheidungen Dritter betroffen wird, neigt dazu, Katastrophenschwellen niedriger anzusetzen und daher den Entscheidern Unverantwortlichkeit vorzuwerfen, wo letztere noch durchaus tragbare Risiken sehen. Das hat sich insbesondere in der Debatte um die Kernkraft immer wieder bestätigt.

Der ‚Ruf nach Verantwortung' bedeutet somit aus dieser Perspektive die Aufforderung an Entscheider, ein größeres Spektrum möglicher Ereignisse als potentielle Folgen ihrer Entscheidungen zu interpretieren. Praktisch dürfte es sich dabei insbesondere um die sogenannten *externen Effekte von Entscheidungen* handeln. Das sind diejenigen negativen Folgen, die bei anderen gesellschaftlichen Teilsystemen anfallen, ohne dem Entscheider Kosten zu verursachen. Das bedeutet die Zumutung einer höheren, aus der Entscheiderperspektive oft unnötigen Entscheidungslast. Man kann verstehen, daß sich die Begeisterung von Entscheidern für solche ‚Verantwortung' in Grenzen hält!

3.2 Arten der Verantwortung

Versuchen wir nunmehr, uns über den Sinn des Begriffes Verantwortung klar zu werden. Das ist keineswegs einfach, da in verschiedenen Disziplinen unterschiedliche Aspekte der Verantwortungsproblematik hervorgehoben werden. Ich gehe davon aus, daß diese Bedeutungsunterschiede nicht willkürlich sind, sondern selbst mit der komplexen Struktur der Verantwortungsproblematik zu tun haben.[19]

Gemeinsam ist zunächst allen Bedeutungen, daß sie sich in irgendeiner Weise auf den *Menschen als Träger von Verantwortung* beziehen, und zwar auf den Menschen nicht im Sinne eines natürlichen, sondern eines *moralischen*, d.h. an Normen und Werte gebundenen Wesens. Die Natur trägt keine Verantwortung; sie entwickelt sich ‚blind' oder nach immanenten Gesetzen und Regelhaftigkeiten, sie ‚kann nichts dafür'. Als verantwortlich definiert der Mensch *sich selbst*, und zwar erst im Zuge seiner kulturellen Entwicklung. Seit den ältesten Mythen lehren die Götter den Menschen, zwischen Gut und Böse zu unterscheiden, und schon Adam und Eva wurden von Gott für die Übertretung des Gebotes, nicht vom Baum der Erkenntnis zu essen, zur Verantwortung gezogen. Schon sie suchten die Verantwortung auf die Schlange abzuwälzen, ohne daß ihnen dadurch allerdings der Verlust des Paradieses erspart blieb. Daß der Mensch – und zwar nicht nur das Volk, sondern auch der einzelne – sein Tun vor Gott zu verantworten habe, ist ein zentrales Thema der jüdisch-christlichen Tradition und hat die rechtliche wie die moralische Entwicklung dieses Kulturkreises in einem vor allem individualisierenden Sinne geprägt. So ist uns spätestens seit der Aufklärung die Vorstellung, der *individuelle* Mensch habe sich zu verantworten, nahezu selbstverständlich.[20] Das Individuum – und nur noch das Individuum – gilt als moralisches Subjekt; Sippenhaft und Kollektivschuld werden heute generell abgelehnt.[21] Dies muß als Ausgangspunkt für alle weiteren Überlegungen festgehalten werden. Er wird sich aber als *problematisch* herausstellen, weil zunehmend nicht nur Individuen, sondern korporative, d. h. organisierte Akteure mit Rechtspersönlichkeit, Entscheidungen von größter lebenspraktischer Bedeutung fällen.

Als nächstes ist nun zu fragen, unter welchen *Bedingungen* Menschen als verantwortlich definiert bzw. zur Verantwortung gezogen werden können. Bezogen auf die für uns aktuellen Diskussionen lassen sich hier zwei Grundmuster feststellen: *Verantwortung entsteht entweder als Ergebnis einer Selbstverpflichtung oder von sozialer Zuschreibung.* Am reinsten finden wir diese beiden Grundformen der Verantwortung in der philosophischen bzw. der juristischen Konstruktion von Verantwortung formuliert.

a) Aus der Perspektive der *Philosophie* (und übrigens auch der neueren Theologie) erscheint Verantwortung in erster Linie als Korrelat menschlicher Freiheit. Der Philosophie stellt sich in diesem Zusammenhang die Aufgabe, zu begründen, warum menschliche Freiheit in verantwortlichem Sinne ausgeübt werden soll. Verantwortung entsteht unter dieser Prämisse in letzter Instanz nur als Konsequenz einer normativen *Selbstverpflichtung des Subjektes.* Alle fundamentalethischen Diskurse kreisen um die Frage, warum das Subjekt eine Pflicht zu solcher Selbstverpflichtung hat. Es geht also darum, den ethischen Anspruch aufrechtzuerhalten, ohne daß er dem Menschen als bloße Fremdbestimmung gegenübertritt. In diesen fundamentalethischen Diskursen, die im einzelnen bald subjektphilosophisch, bald tauschtheoretisch, bald theologisch begründet werden, geht es also um die Begründung der moralischen Pflicht des Individuums, sich verpflichten zu lassen und hinsichtlich der Erfüllung oder Verletzung von Verpflichtungen zu ‚antworten', d. h. Rechenschaft abzulegen.[22] Der philosophische Begriff der Verantwortung bezieht sich also nicht auf *bestimmte* Pflichten, sondern nur auf die Verpflichtungsfähigkeit des Subjektes an sich. „‚Verantwortung' ... ist damit die Vorbedingung der Moral, aber noch nicht selber Moral."[23] Moralische Pflichten bedürfen somit ihrem Inhalte nach einer gesonderten Begründung. Das *Wofür* der Verantwortung geht aus dem ethischen Verantwortungsbegriff nicht hervor.

b) Am anderen Ende der Verantwortungsbegründungen liegt der *juristische Verantwortungsbegriff*. Verantwortung im rechtlichen Sinne setzt stets die Übertretung definierter Rechtsnormen oder die Verletzung spezifischer Rechtsgüter voraus; rechtliche Verantwortung resultiert aus dem „Versagen vor einer Sollensanforderung"[24], unabhängig davon, ob man der zugrunde liegenden Norm zugestimmt hat oder nicht. *Verantwortung wird hier zugeschrieben und eingefordert*, ohne Rücksicht darauf, ob der einzelne sich zu dieser Verantwortung bekennt oder nicht.

Untersuchen wir die Gründe und Bedingungen näher, welche die Rechtsordnung für solche Verantwortungszuschreibung nennt, so stoßen wir auf charakteristische Unterschiede[25]:

- Die *strafrechtliche* Verantwortung setzt regelmäßig einen *moralischen* Schuldvorwurf voraus: also den Nachweis, daß dem Täter ein anderes, die Rechtswidrigkeit vermeidendes Handeln zumutbar gewesen wäre, bzw. daß die schädlichen Folgen seines Tuns für ihn einsichtig waren. Wer z. B. eine strafbare Tat im Zustande geistiger Verwirrung oder in einer schweren Notlage begangen hat, mag trotz der Rechtswidrigkeit seines Tuns straffrei ausgehen, weil die moralische Schuldhaftigkeit fehlt.
- Die *zivilrechtliche* Verantwortung greift über die Kategorien moralischer Vorwerfbarkeit dagegen hinaus. Die schuldrechtlichen Haftungsgründe heben nicht auf die Schuldhaftigkeit im Einzelfalle ab; sie beziehen sich auf die Vermeidbarkeit eines Schadens im typischen, allgemein erwartbaren Falle. Es geht hier nicht primär um die Bestrafung eines vorwerfbaren Verhaltens, sondern um die gerechte Regelung des entstandenen Schadens. Deshalb kann z. B. der strafrechtlich mangels

Schuld freigesprochene Täter dennoch dem Geschädigten zum Schadenersatz verpflichtet sein. Immerhin muß im vertraglichen wie im außervertraglichen Haftungsrecht wenigstens die fahrlässige Verursachung des Schadens durch ein bestimmtes Verhalten Dritter nachgewiesen werden. Gelingt dem Geschädigten dieser Nachweis nicht, so muß er den Schaden selber tragen.

– Völlig gelöst vom Gesichtspunkt moralischer Vorwerfbarkeit ist schließlich die *Gefährdungshaftung*, die als Grundsatz zuerst im preußischen Eisenbahngesetz von 1838 formuliert wurde. Hier – wie übrigens auch im Kraftfahrzeugverkehr oder im Bereich der Fabrikhaftpflicht – haftet der Betreiber für die Folgen seines grundsätzlich als gefährlich eingestuften Betriebs. Für die Zuschreibung von Verantwortung genügt hier der Nachweis, daß ein bestimmter Schaden durch den gefährdenden Betrieb verursacht ist, unabhängig davon, ob der Schaden aus der Sicht des Schädigers vermeidbar gewesen wäre. Die Verantwortung trägt hier den Charakter einer *Haftung für die Folgen des gefährlichen Betriebs* an sich, unabhängig von jedem Verschulden.

Der Großteil aller Verantwortungsphänomene in unserer Gesellschaft liegt *zwischen* diesen beiden Extremen der moralischen Verantwortung aus Selbstverpflichtung und der Verantwortung aus bloßer Verursachung. Hierfür seien nur zwei Beispiele herausgegriffen, die für die Beurteilung der gegenwärtigen Verantwortungsproblematik besonders erhellend sind, nämlich die politische Verantwortung und die Aufgabenverantwortung. Ihre Eigenarten werden vor allem aus sozialwissenschaftlicher Perspektive sichtbar.

c) Den Begriff der *politischen Verantwortung* hat bereits im Jahre 1815 Benjamin Constant in seinen Grundzügen entwickelt[26]; er hat ursprünglich mit Macht und Machtmißbrauch, dann aber auch mit Erfolg und Mißerfolg, immer jedoch mit Vertrauen und Kontrolle zu tun. Politische Verantwortung trägt, wem ein besonderes Maß an Macht anvertraut wird, d. h. ein breiter Zuständigkeitsbereich und staatliche Mittel zur Durchsetzung des eigenen Willens in einem nicht näher zum voraus festzulegenden Umfang. Dabei können Minister und Regierungen im Regelfalle nicht nur wegen grober Pflichtverletzungen, sondern auch aus weniger schwerwiegenden Gründen, etwa solchen des Mißerfolgs, abberufen werden. Politische Verantwortung geht über den Kernbestand rechtmäßiger Regierung weit hinaus: Kompetenzen und Macht werden nicht um ihres Nicht-Mißbrauchs willen, sondern um ihres richtigen, sprich ‚erfolgreichen' Gebrauchs willen übertragen. Bleibt der Erfolg aus, so muß auch hier die ‚politische Verantwortung' übernommen werden. Das bedeutet gleichzeitig, daß politische Verantwortung keine bloß individuelle, sondern auch eine *stellvertretende* Verantwortung für Dritte beinhaltet, insbesondere auch für die Handlungen und Unterlassungen von Untergebenen. Nicht von ungefähr fordert daher die parlamentarische Opposition häufig den Rücktritt eines Ministers, wenn in seinem Aufgabenbereich Fehler aufgedeckt werden. Daß dieser Forderung – trotz öffentlicher Kritik – in der Bundesrepublik immer seltener entsprochen wird, kann zwei verschiedene Ursachen haben: Entweder man will das Eingeständnis des Mißerfolges vermeiden, oder man verkennt den eben nicht primär moralischen, sondern politischen Charakter dieser Verantwortung. Der Minister oder Staatssekretär vertritt das Ministerium als arbeitsteilig organisierte Einheit. *Die politische Verantwortung ist also eine personalisierte Form der Organisationskontrolle.*

d) Ähnlich strukturiert ist die *‚Aufgabenverantwortung'*. Wer eine Aufgabe übernommen hat, ist für ihre ‚angemessene' Erfüllung verantwortlich, das ist die heute vielleicht verbreiteste Auffassung von Verantwortung. Hier überschneiden sich beide Momente, dasjenige der Selbstverpflichtung und dasjenige der Zuschreibung von Verantwortung. Denn den Inhalt einer Aufgabe kann man zumeist nicht allein bestimmen, er ist Gegenstand der Erwartungen Dritter. Ein Vertrag – und dies ist die verbreiteste Form der Übernahme von Aufgaben – bedeutet gerade die Verknüpfung der Erwartungen Dritter mit der eigenen Selbstverpflichtung. Dabei bleibt es dem Vertragsrecht und der Rechtsprechung überlassen, im Falle einer nachträglich offenkundig werdenden Differenz zwischen der Selbstverpflichtung und den Erwartungen der Vertragspartner den Konflikt zu schlichten.

Doch dieser Hinweis ist noch zu allgemein, denn wir bezeichnen nicht alle Aufgaben als ‚verantwortungsvolle Aufgaben'. *Verantwortungsvolle Aufgaben sind dem Allgemeinverständnis nach solche, bei denen eine bloße Pflichterfüllung nicht genügt.* Der Begriff der Verantwortung beinhaltet einen „unabgrenzbaren Überschuß" über die bloße Pflichterfüllung[27], sie bedeutet eine „generalisierende Inpflichtnahme"[28], welche lediglich durch den Zuständigkeitsbereich begrenzt wird. ‚Verantwortungsvolle Aufgaben' sind Aufgaben, deren Lösung typischerweise nicht im voraus feststeht, sondern ein charakteristisches Moment der Eigentätigkeit, einen *Handlungsspielraum* auf Seiten des Verantwortungsträgers voraussetzen, den er durch spezifische Qualitäten seiner eigenen Person ‚ausfüllen' muß. Die Zuschreibung von Verantwortung beinhaltet also das *Vertrauen* in die Fähigkeiten der betreffenden Person oder Personengruppe, eine hinsichtlich des Lösungsweges nicht näher bestimmte Aufgabe ‚angemessen' oder ‚erfolgreich' zu lösen. Die Zuweisung von Verantwortung richtet sich also danach, ob jemandem zugetraut wird, daß er eine Aufgabe erfüllen kann, die weder hinsichtlich ihres konkreten Inhaltes noch ihres optimalen Ergebnisses im voraus eindeutig bestimmt werden kann.

Diese Einsicht ermöglicht einen Brückenschlag zur Risikoproblematik. Risiko und Verantwortung lassen sich auf Entscheidungen beziehen. Verantwortungsvolle Aufgaben sind solche, bei denen Entscheidungen von großer Tragweite getroffen werden müssen, die einen hohen Handlungsspielraum der mit der Erledigung der Aufgaben betrauten Personen voraussetzen. Verantwortung bezieht sich somit auf risikoreiche Aufgaben, d.h. auf Aufgaben, bei denen vom Entscheider erwartet wird, daß er eine größere Zahl von Gesichtspunkten in Betracht zieht, Alternativen abwägt und auf die Minimierung möglicher Schäden bedacht ist. *Als verantwortungsvoll gelten somit Aufgaben, zu deren Erledigung eine komplexe Risikoeinschätzung für erforderlich gehalten wird, und deren Erledigung sich deshalb nicht in Form eindeutiger Regeln oder gar Handlungsanweisungen programmieren läßt.* Es geht bei verantwortungsvollen Aufgaben um die Absorption von Unsicherheit, die sich nicht auf anderen Wegen reduzieren läßt.

Halten wir an dieser Stelle lediglich fest, daß ‚Verantwortung' in unserem wie im allgemeinen Sprachgebrauch im Kern eine *Rechenschaftspflicht gegenüber Dritten* bedeutet, die entweder aufgrund einer Selbstverpflichtung oder aufgrund sozialer, insbesonderer rechtlicher Zuschreibungen entsteht.[29] Verantwortung braucht nicht unmittelbar ethisch begründet zu sein. Sie kann auch aus Gesetzen, Verträgen, politischen Wahlen u. ä. resultieren. Verantwortungsphänomene begründen jedoch stets die berechtigte Erwartung Dritter an spezifische Handlungen und Unterlassungen des Verantwortungsträgers, die unterschiedlich genau formuliert sein können. Sind die Erwartungen präzise definiert, so kann auch von *Pflichten* gesprochen werden. Das Spezifische des Verantwortungsbegriffs wird erst dort sichtbar, wo *mehr* als pflichtgemäßes Handeln erwartet oder versprochen wird, wo der Handelnde durch seine Entscheidung einen bestimmten Handlungsablauf in Gang setzt, der bestimmte Möglichkeiten realisiert und andere ausschließt. In der Übernahme dieses Entscheidungsrisikos manifestiert sich Verantwortung im soziologischen Sinne.

4. Gesellschaftliche Komplexität als Herausforderung an die Ethik

Auch wenn ‚Verantwortung' heute so etwas wie eine ethische Grundkategorie zu sein scheint, so ist sie das doch seit höchstens 60 Jahren. Die erste grundlegende Studie im deutschen Sprachraum, Wilhelm Weischedels „Das Wesen der Verantwortung", stammt von 1931, die erste Begriffstudie in Frankreich von 1920,[1] und die eigentliche Konjunktur des Verantwortungsbegriffs dauert erst etwa ein Jahrzehnt. Der ältere Sprachgebrauch spricht von Disziplin, Pflicht, Haftung, Schuld, Gewissenhaftigkeit, Ehrbarkeit oder Sittlichkeit, wo es um Sachverhalte geht, die wir heute mit Verantwortung oder Verantwortlichkeit bezeichnen. Warum, so müssen wir fragen, muten uns jene Begriffe heute etwas veraltet an, oder zumindest nicht mehr ganz zutreffend, wenn wir an typische Verantwortungsphänomene denken? Offensichtlich reicht die rechtliche oder moralische Qualität, welche in diesen älteren Worten noch unverhüllt zur Sprache kommt, nicht aus. Die Übernahme von Verantwortung muß darüber hinaus mit weiteren, nicht im engeren Sinn moralischen Fähigkeiten verbunden sein. Wenn die Vermutung richtig ist, daß sich im Wandel des Sprachgebrauchs Veränderungen der sozialen Wirklichkeit andeuten, so müßte sich zeigen lassen, daß diese weiteren, nicht-moralischen Kompetenzen, die den Verantwortungsbegriff über eine bloße Pflichtenmoral hinaustreiben, heute wichtiger als früher geworden sind.

Hinweise hierauf wurden bereits oben (Abschnitt 2.3) erörtert. Wir können offensichtlich nicht mehr davon ausgehen, daß gute Absichten im Regelfall gute Wirkungen zeitigen, sobald der Bereich des Mitmenschlichen und der überschaubaren Verhältnisse verlassen wird. Die für die ganze abendländische Ethik maßgebliche Annahme des Aristoteles, daß ethische Tugenden auch politisch erfolgreich seien, läßt sich nicht mehr aufrecht erhalten.[2] Neuere ethische Diskurse gehen deshalb von der grundsätzlichen Konflikthaftigkeit menschlichen Handelns aus. Sie rechnen mit Pflichtenkollisionen und halten Güterabwägungen für einen Normalfall des ethischen Diskurses. Und sie tendieren dazu, den Handlungsbegriff komplexer zu fassen, also eine mögliche Vielzahl von Wirkungen ein und derselben Handlung mit in Betracht zu ziehen. Eben dies entspricht dem Begriff der Verantwortungsethik und – wie nunmehr zu zeigen sein wird – auch der Struktur moderner Verantwortungsproblematik. *Die Steigerung der Komplexität ethischer Diskurse hat ihren Sachgrund in der gesteigerten Komplexität der realen Verhältnisse und unserer Kenntnis von ihnen.*

4.1 Die Verlängerung der Handlungsketten durch organisierte Arbeitsteilung

Eines der wesentlichen Merkmale der Leistungssteigerung in modernen Gesellschaften läßt sich auf die möglich gewordene „Verlängerung der Handlungsketten" zurückführen, wie Norbert Elias das zentrale Moment des neuzeitlichen Zivilisationsprozesses kennzeichnet.[3] Was dies bedeutet, ließe sich in den meisten Lebensbereichen veranschaulichen, hier sei das Problem am Beispiel der Übermittlung einer Botschaft einleitend verdeutlicht.

Die Übermittlung einer Botschaft geschah von alters her durch einen Boten, der die Botschaft zu Fuß oder zu Pferd zunächst mündlich überbrachte. Sobald ein Schreiber dazwischen trat, der die Botschaft in die Form eines Dokumentes kleidete, wurde die Übermittlung zwar zuverlässiger, aber es verlängerte sich die Handlungskette: Es sind nun mindestens zwei Personen an der Übermittlung der Botschaft beteiligt. Eine weitere Verlängerung der Handlungskette resultierte, sobald zwecks Beschleunigung der Übermittlung und Erweiterung des Kommunkationsraumes an bestimmten Orten Wechselpferde oder gar Wechselboten bereitgehalten wurden, die zunehmend nicht mehr nur eine, sondern bei Bedarf zahlreiche Botschaften gegen Entgelt mitnahmen. Aus solchen linienförmigen Kurierdiensten entwickelte sich das moderne Postwesen, das die verschiedenen Kurierdienste vernetzte und die Beförderung von Botschaften in nahezu beliebige Richtungen und auf weitgehend anonyme Weise ermöglichte. Damit war bereits das Grundprinzip der modernen *netzförmigen Kommunikation* erreicht, das in der Folge durch immer leistungsfähigere technische Hilfsmittel rationalisiert wurde und heute, gleichzeitig auf mehreren Kanälen operierend, beliebige Informationen an beliebige Adressaten praktisch flächendeckend und weltweit in Sekundenschnelle zu übermitteln gestattet. So hängt in kommunikationstechnischer Hinsicht heute in der Welt bereits nahezu alles mit allem zusammen, so sehr, daß sogenannte Hacker an einem beliebigen Ort der Welt bestimmte Informationssysteme an einem anderen beliebigen Ort der Welt anzapfen und u. U. durch die Einschleusung destruktiver Programmelemente (sogenannte Viren) zerstören können.

Doch kehren wir um der Verständlichkeit willen von diesen völlig unüberschaubar gewordenen Formen nahezu totaler Vernetzung zum frühneuzeitlichen Postsystem zurück. Hier können wir uns noch lebhaft vorstellen, wie die Botschaft von einer Hand zur anderen geht, bis sie ihr Ziel erreicht, wie also immer mehr Personen an diesem einen Prozeß der Übermittlung der Botschaft beteiligt sind und nur die Verkettung ihrer Handlungen den gewünschten Erfolg sichert.

Das ist aber nur der eine Aspekt des Phänomens. Gleichzeitig wird nunmehr der einzelne Handelnde nicht nur als Diener eines Herren eine bestimmte Botschaft überbringen, sondern sozusagen zum Diener vieler Herren, wenn er mehrere Botschaften ein Stück weit transportiert. Wenn die Botschaft nicht ankommt, wer ist dann verantwortlich, und wer ist wem verantwortlich? Solange nur ein Bote als Diener eines Herrn eine Botschaft zu überbringen hatte, waren die Verhältnisse klar. Aber wenn nun viele Boten viele Botschaften unterschiedlicher Absender zu verschiedenen Empfängern transportierten, mußte eine neue Organisationsform gefunden werden, welche die *Verantwortung für den Gesamtablauf,* also für die erfolgreiche Übermittlung der Botschaft übernimmt. Das eben war die Pionierleistung der Thurn-und-Taxis'schen Post, die daher zu Recht als Pionier des modernen Postwesens gilt. Heute bildet die Deutsche Bundespost ein arbeitsteiliges Unternehmen von über 100 000 Mitarbeitern, die in Zusammenarbeit mit der Bundesbahn und den Fluggesellschaften ein höchst komplizietes und fein abgestimmtes Netz von Millionen verketteter Handlungen zum Transport von Briefen, Drucksachen und Paketen täglich steuert. Wenn Übermittlungsfehler vorkommen, so läßt sich die Ursache im Regelfalle nicht oder nur unter großen Schwierigkeiten ermitteln.

Da solche Übermittlungsfehler u. U. Folgeschäden in beliebiger Höhe verursachen können, übernimmt die Post aber nur eine beschränkte Verantwortung für den Erfolg der von ihr angebotenen Leistungen. Sie verknüpft den mit jedem Beförderungsauftrag verbundenen Vertrag mit einer *Haftungsbeschränkung.* Der Absender behält daher infolge seiner Entscheidung, eine Sendung der Post anzuvertrauen (und sie z. B. nicht selbst dem Adressaten zu überbringen) einen Teil des Risikos für den Verlust oder das verspätete Eintreffen der Sendung. Zusätzliche Maßnahmen – wie z. B. Wertbriefe oder Eilzustellungen – sollen dazu dienen, in Fällen, wo der Absender mit einem hohen Schaden rechnet, sein Risiko durch eine Erhöhung der Wahrscheinlichkeit korrekter Übermittlung zu vermindern.

a) An diesem Beispiel läßt sich ein Grundsachverhalt moderner Gesellschaften besonders deutlich machen: Arbeitsteilung hat es selbstverständlich in allen Gesellschaftsformen wenigstens in Ansätzen gegeben, insofern als verschiedene Personen unterschiedliche Aufgaben wahrgenommen haben. Häufig schlossen sich Personen mit ungleichen Aufgaben auch bereits zu Vereinigungen – Korporationen, Zünften – zusammen, aber stets blieb doch der einzelne Dritten gegenüber verantwortlich für die Erfüllung seiner Aufgaben. Ansätze zu einer kollektiven Form von Verantwortung lassen sich lediglich dort erkennen, wo Individuen solidarisch haften.

Charakteristisch für moderne Gesellschaften ist dagegen die Herausbildung *korporativer Akteure* in der Form von juristischen Personen (z. B. Aktiengesellschaften, GmbHs, aber auch Körperschaften des öffentlichen Rechts), deren Handlungen von der konkreten Zusammensetzung ihrer Mitglieder grundsätzlich unabhängig sind. Zwar erinnert der Name ‚juristische Person' daran, daß das Recht ihre Handlungsfähigkeit und die damit verbundene Verantwortung in Analogie zu den Individualpersonen konstruiert hat. Aber im Regelfalle handelt es sich um ein soziologisch völlig anderes Phänomen. Denn es ist eine in sich selbst arbeitsteilig gegliederte formale Organisation, die ihr Personal auf vertraglicher Basis oder durch Wahl bzw. Beitrittserklärung rekrutiert. Im Gegensatz zu den älteren Korporationen (wie z. B. Zünften oder Orden), denen man meist auf Lebenszeit angehörte, ist man Mitglied in modernen Organisationen nur auf Zeit. Die Kündbarkeit der Mitgliedschaft und damit die *Verselbständigung der Organisation gegenüber ihren Mitgliedern* ist ein konstitutives Merkmal moderner Sozialverbände. Dementsprechend gehören Individuen heute in der Regel zahlreichen Organisationen gleichzeitig als Mitglieder an, während sie früher in der Regel nur einer Korporation gleichzeitig angehören konnten.

Damit wird deutlich, wie sehr Organisationen eine soziale Wirklichkeit eigener Art geworden sind, auch wenn es natürlich nach wie vor ‚natürliche Personen' sind, die in ihnen und in ihrem Namen als sogenannte ‚Organe' handeln.

Aber als Organe handeln Individuen unter spezifischen Prämissen, nämlich den *Normen der Organisation*, die sie vertreten. Und dasselbe gilt für nicht bevollmächtigte Angestellte und Arbeiter im Innenverhältnis zur Organisation. Diese Normen sind in der Regel auf Arbeitsteiligkeit hin angelegt, d.h. die grundlegenden Normen einer Organisation betreffen ihr Programm (die Ziele ihres Handelns), die Aufgabenstruktur (die interne Arbeitsteilung) und die damit verbundenen Befugnisse und Haftungsverhältnisse (Verantwortungsstruktur). Die Verantwortungsstruktur regelt also die Frage, wer unter welchen Bedingungen für die Folgen seines organisationsbezogenen Handelns gegenüber Dritten eintreten muß.

b) Bereits am vergleichsweise einfachen Fall der Post wurde deutlich, daß die Frage, wer welchen Schaden zu tragen hat, von größter Bedeutung für die *Risikoverteilung* ist. In der Auseinandersetzung mit diesem konfliktträchtigen Problem ist das vielschichtige moderne *Haftungsrecht* entstanden. Im Falle der Post als einer öffentlich-rechtlichen Körperschaft ist die Haftungsbeschränkung durch staatliches Recht geschützt. Privatunternehmungen suchen ihre Verantwortung häufig durch sogenannte allgemeine Geschäftsbedingungen und die darin enthaltenen Haftungsausschlüsse einzuschränken. Darüber hinaus benachteiligt das allgemeine schuldrechtliche Prinzip, daß der Geschädigte das Verschulden des Schädigers nachzuweisen hat, natürliche Personen im Verhältnis zu Organisationen. Denn nach unserem vorherrschenden individualistischen Verantwortungsverständnis können nach wie vor nur die in Organisationen tätigen ‚natürlichen Personen' ‚schuldig' werden, und ihnen dies nachzuweisen, gelingt Außenstehenden angesichts der Undurchschaubarkeit von Organisationen nur selten. Ganz abgesehen davon sind Organisationen in der Regel kapitalkräftiger, verfügen über mehr Sachverstand und können sich leichter in Rechtsstreitigkeiten durchsetzen als Individuen.

Seit dem 19. Jahrhundert wendet sich die Rechtsordnung zuerst im Eisenbahnhaftpflichtrecht, dann im Recht der Betriebsunfälle und heute auf breiter Front vom Prinzip des Verschuldens als Haftungsgrund ab und ersetzt es durch das Prinzip der Gefährdungshaftung. Die zunehmende Arbeitsteiligkeit führt dazu, daß sich bestimmte Ereignisse auf die Schuld von einzelnen Personen immer weniger zurechnen lassen. Das hat zu einer *Veränderung des Verantwortungsphänomens* geführt. Verantwortung hat sich in weiten Teilen unseres Soziallebens von konkreten Personen gelöst und ist zu einer *Verantwortung ganzer Organisationen* geworden, denen nunmehr bestimmte Schäden als Folgen ihrer Entscheidungen zugerechnet werden. Die Organisation mag dann ihrerseits intern die für ihr Versagen Verantwortlichen suchen – oder auch nicht, das ist ihre eigenen Sache! (Vgl. Abschnitt 5.3).

c) Die Zusammenfassung und hierarchische Kontrolle komplexer Handlungsabläufe in der Form einer selbständigen Organisation stellt aber nur *eine* charakteristische Form der Verlängerung von Handlungsketten dar. Nicht weniger charakteristisch sind Beziehungen *zwischen* Organisationen. Hier sind mehrere kollektive Akteure beteiligt, die untereinander in der Regel nur durch Vertragsbeziehungen verbunden sind.[4] Derartige Verträge verknüpfen sozusagen die innerorganisatorischen Handlungsketten zweier Akteure im Hinblick auf ganz bestimmte Ziele. Dabei bleiben jedoch die Organisationen als solche voneinander unabhängig. Dadurch entstehen allerdings neue Koordinations- und Verantwortungsprobleme.[5]

Wenn bestimmte Gefährdungen das Resultat des Zusammenwirkens zahlreicher selbständiger Akteure sind, wie läßt sich dann Verantwortung zurechnen? Auch hierfür ein Beispiel: „Für eine lange Zeit ist die Wissenschaftsethik von der Frage nach der Verantwortung der Wissenschaftler für den Abwurf der beiden Atombomben auf Hiroshima und Nagasaki im Jahre 1945 beherrscht gewesen. Das Problem dieser – nicht immer sehr fruchtbaren – Diskussion ergibt sich daraus, daß man in der Regel niemanden für Handlungen verantwortlich machen kann, die ein anderer begangen hat. Die Aufgabe von Wissenschaftlern und Ingenieuren kann als die Bereitstellung von Handlungs*optionen* charakterisiert werden; ob diese Optionen wahrgenommen werden und wie dies geschieht, entzieht sich meist ihrer Kompetenz und ihrem Einfluß. So haben die am Manhattan-Projekt beteiligten Wissenschaftler zwar die theoretischen Grundlagen für den Bau der Atombombe geschaffen, und die Ingenieure haben diesen Bau realisiert; doch die Entscheidung über den Einsatz der Atombombe wurde von Politikern getroffen, und der tatsächliche Abwurf von Soldaten vorbereitet und vollzogen. Zwischen der Entwicklung der Bombe und ihrem Abwurf lagen mehrere Schritte, an denen die Wissenschaftler und Ingenieure nicht beteiligt waren und über die sie nicht verfügen konnten."[6] Bemerkenswert an dieser Darstellung ist wiederum, daß ausschließlich Individuen als Akteure genannt werden. Diese Individuen arbeiten jedoch in Großorganisationen, und die entscheidenden Verträge bzw. Aufträge wurden zwischen Repräsentanten dieser Großorganisationen und für diese geschlossen. Die die Aufgaben konkret Ausführenden blieben also (mit Ausnahme der führenden Atomphysiker) relativ zufällig. Der hohe Grad an Handlungsverkettung, der für ein solches Großobjekt erforderlich war, wäre durch bloße Abstimmung unter konkreten Personen ganz unmöglich. Er setzt notwendigerweise einen hohen Organisationsgrad voraus.

d) Bisher wurde hervorgehoben, daß die Stabilisierung langer Handlungsketten die Erwartbarkeit von Zusammenhängen steigert. Darin liegt ein Element der Gestaltbarkeit der Verhältnisse, also von gewachsener Sicherheit. Im Zusammenhang mit der Untersuchung der Ursachen von technologisch bedingten Katastrophen macht jedoch Charles Perrow darauf aufmerksam, daß die enge Verzahnung von Handlungsabläufen, wie sie für die meisten Großtechnologien charakteristisch ist, spezifische, katastrophenträchtige *Systemrisiken* birgt.[7] Systemrisiken entstehen aus der Interaktion mehrerer, häufig kleiner Fehler. Ihre Eigenschaft ist es, daß sie weitgehend unvorhersehbar sind. Damit ist jedoch nicht das zufällige Zusammentreffen zweier gefährlicher Ereignisse gemeint, also z. B. eines Gewitters und der Freisetzung einer Gaswolke. *Systemrisiken bestehen vielmehr darin, daß die Wahrscheinlichkeit des Zusammentreffens mehrerer gefährlicher Entwicklungen und die daraus möglicherweise resultierenden katastrophalen Folgen durch die enge Verkopplung der Handlungsketten, also durch die Systemplanung und Systemkontrolle selbst bedingt ist.* Was also unserem alltäglichen Verständnis nach gerade der Risikovermeidung dient, nämlich konsistente Planung und Kontrolle integrierter Abläufe, entwickelt sich hier zum Risikofaktor: Sobald die Entwicklung eine falsche Richtung genommen hat, verändern sich verschiedene Parameter des dynamischen Systems in unvorhergesehener Weise und lassen keine vorprogrammierte Korrektur mehr zu. Das System ist zu komplex, als daß es von denjenigen, die mit seiner Steuerung befaßt sind, noch durchschaut werden kann. „Wir werden uns mit Unfällen beschäftigen, bei deren Auftreten niemand wissen konnte, was vor sich ging und welche Maßnahmen zu ergreifen waren. Manche der begangenen Fehler wirken geradezu grotesk, wenn z. B. zwei Schiffe miteinander kollidieren, die einen ‚Antikollisions-Kurs' steuern. Eine eingehende Untersuchung derartiger Fälle legt jedoch häufig den Schluß nahe, daß die Männer am Ruder völlig einleuchtende Erklärungen für ihr Verhalten hatten; es war nichts anderes als die Interaktion geringfügiger Fehler, von der sie dazu verleitet wurden, in Gedanken eine völlig falsche Wirklichkeit zu konstruieren, so daß ihr falsches Bild der Situation den Zusammenstoß herbeiführte."[8] Das Besondere derartiger Risiken besteht darin, daß sie sich nicht durch verbesserte Planung und Kontrolle vermeiden lassen, weil sie *widersprüchliche Ansprüche* an das System stellen: „Da normale Unfälle aus der undurchschaubaren Interaktion kleinerer Defekte resultieren, müssen diejenigen, die mit dem System unmittelbar zu tun haben, die Operateure, zu unabhängigen und gelegentlich sogar schöpferischen Maßnahmen in der Lage sein. Wegen der engen Kopplung in diesen Systemen muß jedoch andererseits die Kontrolle der Operateure zentralisiert werden, da im Ernstfall kaum die Zeit bleibt, alles zu überprüfen und im Auge zu behalten, was in den verschiedenen Teilen des Systems vor sich geht."[9] Die Verlängerung der Handlungsketten bewirkt hier also nicht nur eine Undurchsichtigkeit der Verantwortlichkeitsverhältnisse für Dritte, sondern eine Undurchschaubarkeit des Systemes auch für diejenigen, die an ihm beteiligt sind und es zu beherrschen vorgeben. Zwar führt die Vielzahl alltäglicher und unvermeidbarer

Fehler nur in Ausnahmefällen zu interaktiven und damit desorientierenden Fehlerverknüpfungen, und eben deshalb sind Katastrophen sehr selten. Aber sie sind trotz ihrer Seltenheit grundsätzlich unvermeidbar. Das gilt selbstverständlich in unterschiedlichem Maße für verschiedene Technologien, wobei nach Perrow die Systemrisiken bei der Atomtechnik besonders hoch sind. Bei anderen Technologien lassen sich Sicherheitsgewinne dadurch erzielen, daß die enge Kopplung der Handlungsketten gelockert wird, beispielsweise durch eine dezentralisiertere Organisationsstruktur.[10] Lose Verkopplungen, wie sie beispielsweise durch organisatorische Dezentralisierung bzw. interorganisatorischer Handlungsverkettung zustande kommen, machen andererseits die Verantwortungszurechnung schwieriger, wie oben gezeigt wurde.

4.2 Die Veränderung der Verantwortungsproblematik

Die Verlängerung der Handlungsketten ist eine Konsequenz der fortschreitenden Arbeitsteilung: Immer mehr Menschen müssen zusammenwirken, um jene Güter und Dienstleistungen herzustellen, an denen wir ein lebenspraktisches Interesse haben. Nicht die Perfektion der Teilleistungen – etwa bei einer Operation – oder der Teilprodukte – etwa bei einem Hochleistungsflugzeug – zählt, sondern nur das lebensbewahrende Ergebnis. Dieses ist aber keiner einzelnen Person mehr zurechenbar, und selbst dort, wo sich das Scheitern einer solchen kollektiven Produktionsanstrengung auf das Versagen einer Einzelperson zurückführen läßt, ist doch der angerichtete Schaden meist unverhältnismäßig viel größer als das herkömmliche moralische Gewicht des Fehlverhaltens. Wann z. B. hätte je Unaufmerksamkeit als schwere Schuld gegolten?

Aber – und dies ist das im Regelfalle Entscheidende – immer mehr Menschen *können* zusammenwirken, und zwar mit erwartbarem Erfolg. Die Gestaltbarkeit unserer Lebensverhältnisse

(Nowotny/Evers) hat *tatsächlich* zugenommen, und so weist unser Leben heute ein Maß an grundsätzlicher Sicherheit und hochwahrscheinlicher Erwartbarkeit auf, das allen früheren Kulturen und Generationen unbekannt war. Die Fähigkeit zur Voraussicht bestimmter Ereignisfolgen sei als ‚*Kausalwissen*' bezeichnet. Unser Kausalwissen nimmt im Zuge der fortgeschrittenen Rationalisierung unserer Weltzuwendung zu: Wissenschaft, Technik, Recht und Organisation heißen die Hauptstützen dieser wachsenden Voraussicht und grundsätzlichen Gestaltbarkeit unserer Lebensverhältnisse.

Allerdings: Wissenschaft, Technik, Recht und Organisation vermögen stets nur die Wahrscheinlichkeit, niemals die Gewißheit unserer Voraussicht und der Folgen unserer Entscheidungen zu erhöhen. Und infolge der Verlängerung der Handlungsketten werden Ereignisse gleichzeitig erwartbarer und unabsehbarer. *Nicht die Gefährlichkeit, aber die Unüberschaubarkeit unserer Verhältnisse nimmt mit der wachsenden Komplexität der Zusammenhänge zu.* Und da die Zukunft als solche stets ungewiß bleibt, bewirkt auch die sinkende Gefährdung unserer Lebensverhältnisse im einzelnen keinen vergleichbaren Anstieg unseres Sicherheitsgefühls. Unsere Ängste sind weit mehr die Folgen unsicherer Orientierungen als gewachsener Gefahren.[11]

a) Der Charakter der Gefahren, denen wir ausgesetzt sind, hat sich grundsätzlich gewandelt. Zunächst unterlagen die Menschen ganz überwiegend den Gefährdungen der Natur. Mit wachsender Siedlungsdichte traten die Gefährdungen hinzu, die aus Konflikten der Menschen untereinander und ihrem gewaltsamen Austrag resultierten. Die Schädigung von Menschen durch Menschen geschah hier absichtlich und aus Gründen, die sich aus der Beziehung zwischen den Konfliktpartnern erklären lassen.

Heute dagegen sind in den als hoch entwickelt bezeichneten Teilen unserer Welt die natürlichen Gefährdungen bis auf wenige Ausnahmen – z. B. Erdbeben oder Sturmfluten – unter menschlicher Kontrolle. Die neuen Gefährdungen sind das Ergebnis menschlicher Entscheidungen, die jedoch nicht – wie im Falle kriegerischer Auseinandersetzungen – auf die Schädigung Dritter gerichtet sind, sondern *solche Schädigungen lediglich als Nebenfolge in Kauf nehmen*. Da aber nie alle möglichen Nebenfolgen einer Handlung überblickt werden können, und zwar um so weniger, je länger die Handlungsketten und je komplexer die Entscheidungssituationen sind, stellt sich in verantwortungstheoretischer Hinsicht die Frage, *wer welche Nebenfolgen seines Handelns unter welchen Bedingungen zu berücksichtigen hat*.

c) Von einem strengen moralischen Standpunkt aus wäre hier zu argumentieren, daß nach dem Grundsatz ‚neminem laedere' (man darf niemandem schaden) sämtliche negativen Handlungsfolgen bei jeder Entscheidung mit zu berücksichtigen sind, bzw. Handlungen zu unterlassen sind, als deren erwartbare Folgen Schädigungen Dritter auftreten. Die Befolgung dieses Gebotes ist jedoch in doppelter Hinsicht erschwert: Zum einen nimmt unser Kausalwissen zu, d.h. wir können immer bestimmtere Urteile über mögliche Handlungsfolgen fällen, auch über solche, die nicht allein von unserem Einwirken abhängig sind, zu denen jedoch unser Einwirken eine notwendige, wenngleich nicht hinreichende Bedingung ist. Zum anderen verzweigen sich auf diese Weise die möglichen Handlungsfolgen so sehr, daß ihre abwägende Bewertung eine außerordentlich komplexe Aufgabe darstellt. Auch wer keine moralischen Pflichten im Sinne einer eng gefaßten Handlungsethik verletzt, muß u.U. damit rechnen, daß seine Handlungen schädigende Folgewirkungen zeitigen können, die zwar nicht in seiner Absicht liegen, aber praktisch in Kauf genommen werden. Das gilt nicht nur in den angedeuteten dramatischen Fällen großtechnologischer Entscheidungen, sondern selbst im Alltag, wenn z.B. ein Autofahrer sich um des rechtzeitigen Erreichens eines wichtigen Termins willen auf eine riskante Fahrweise einläßt.

Immer häufiger tragen somit Entscheidungen unter dem Gesichtspunkt ihrer absehbaren Folgen ambivalenten Charakter, und immer häufiger bleibt die Wahrscheinlichkeit des Eintritts bestimmter Folgen ungewiß. Wie unwahrscheinlich muß eine schwere negative Folge wie z. B. das Entstehen und die unkontrollierbare Vermehrung gefährlicher genetischer Neubildungen sein, um positive Wirkungen wie die Entdeckung neuer Arzneimittel nicht in Frage zu stellen? Und wie steht es, wenn die Güter nach allgemeiner Einschätzung ungleichen Rang haben, also auf der einen Seite die Schädigung von Leib und Leben und auf der anderen Seite die Erzeugung von Strom oder Düngemitteln bzw. privater Gewinn steht? Vielen Menschen erscheint in solchen Entscheidungssituationen der Rekurs auf herkömmliche moralische Maßstäbe von Gut und Böse nicht informativ genug.

Das ist offensichtlich, wenn man, wie die meisten neuzeitlichen Ethiken, auf eine materiale Wertethik verzichtet. Es gibt dann keinen objektiven Maßstab mehr, nach dem die Höher- oder Niederwertigkeit von Gütern vorausgesetzt und daher als Entscheidungskriterium eingesetzt werden könnte. Wie offen selbst im Rahmen einer materialen Wertethik, wie sie von der katholischen Moraltheologie postuliert wird, die Entscheidungslage ist, mag folgendes Zitat verdeutlichen: „Ist eine Handlung erlaubt, wenn man voraussieht, daß sie auch ‚schlechte' Folgen hat? Schlecht ist eine Wirkung, die als solche *in sich* zu intendieren nicht erlaubt ist. Es ist nun möglich, daß aus derselben Handlung eine gute und eine schlechte Folge gleich-unmittelbar hervorgeht, also nicht die gute eine schlechte Folge verursacht, wobei aber die schlechte Folge vorausgesehen wird. Dann spricht man im eigentlichen Sinne von *Doppelwirkung einer Handlung*. Sie ist nach folgenden Grundsätzen zu beurteilen: Würde die schlechte Folge intendiert, so wäre die ganze Handlung schlecht. Für die Duldung der schlechten Folge ist Voraussetzung, daß die Handlung selbst gut ist und nur die gute Folge gewollt ist. Hier besteht die Gefahr der Selbsttäuschung über die wahre Absicht. Da das Böse allgemein möglichst zu vermeiden ist, kann es nur aus wichtigem Grund zugelassen werden. Das trifft zu, wenn ein wichtiges Gut mit der guten Handlung erstrebt wird und es nicht anders erreicht werden kann als mit gleichzeitiger Zulassung der schlechten Folgen. Könnte das erstrebte Gut erreicht werden ohne die schlechte Folge, so wäre dieser Weg zu gehen. Die ‚Wichtigkeit' des Grundes bemißt sich auch danach, wie nahe die schlechte Folge von der Handlung abhängt und ob der Schaden bei Unterlassung der an sich guten Handlung größer wäre als der durch die schlechte Folge entstehende. Ist nun wirklich ein entsprechender Grund da, so ist die Handlung mit Doppelwirkung positiv erlaubt. Denn die schlechte Folge ist hier nicht subjektives Ziel des Handelnden und auch nicht einziges Objekt der Handlung."[12]

Der moralische Argumentationsgang verändert sich nicht wesentlich, wenn auf die Prämisse intersubjektiv feststehender moralischer Urteile verzichtet wird. Moralisches Abwägen in einer *subjektiven* Entscheidungssituation dürfte in den meisten Fällen eine *ähnliche* Struktur aufweisen, die ja auch in unseren vorangehenden Fragen angelegt ist. Sobald jedoch auf eine materiale Wertethik verzichtet wird, wird das Verantwortungsproblem von der normativen Seite her fragwürdig. Verantwortung heißt im ethisch normativen Sinne, die Pflicht anzuerkennen, sich zur Rechenschaft ziehen zu lassen.[13] ‚Verantwortungsvolle Aufgaben' beinhalten somit die mit bestimmten sozialen Positionen verbundene Kompetenz, weitreichende und für betroffene Dritte im Regelfalle unüberschaubare Handlungsketten in Gang zu setzen. Dabei bleibt im einzelnen immer ungewiß, inwieweit der Entscheider die in solchen Handlungsketten wirksamen Zusammenhänge tatsächlich überblickt oder richtig einzuschätzen vermag. Auch er bleibt – vor allem dort, wo die Voraussicht auf organisierter Zusammenarbeit von Menschen und nicht auf programmierbarer Technik beruht – auf *Vertrauen* in das Funktionieren der etablierten Zusammenhänge angewiesen. Auch für ihn bleibt das Ergebnis ungewiß, die Entscheidung somit mehr oder weniger riskant.

Auch wenn man die fundamentalethische Frage positiv beantwortet, also die Verantwortungspflicht des Menschen als begründet akzeptiert, so ist doch schwerlich zu sehen, wie in einer solchen Situation jemand zur Rechenschaft gezogen werden kann, der von sich behauptet, er habe derartige Güterabwägungen nach bestem Gewissen vollzogen. Er habe aber beispielsweise die Wahrscheinlichkeit unterschätzt, mit der ein bestimmter Schaden auftreten könne. Oder aber: für ihn seien die positiv zu erreichenden Güter so wichtig, daß er die schädlichen Nebenfolgen habe in Kauf nehmen müssen. Das einzige Kriterium, das beim Wegfall des Glaubens an eine materiale Güterhierarchie hier noch weiterhelfen könnte, wäre dasjenige des *Konsenses*. Dieser ist aber über bloß moralische Wertungen in modernen Gesellschaften kaum mehr zu erzielen. Vielmehr stützt sich die vergleichsweise hohe Zuverläßlichkeit auf die Positivierung einer gewissen Minimalmoral in der Form von Rechtspflichten, für die ein Konsens auch dann unterstellt wird, wenn er im Einzelfall nicht gegeben sein sollte. Verantwortung als Pflicht zur Rechenschaftsablage beschränkt sich daher – realistisch betrachtet – in modernen Gesellschaften inhaltlich auf den Bereich des positiven Rechts und verfahrensmäßig auf den Rechtsweg der Gerichte. Jeder darüber hinausgehende Appell an die Verantwortung setzt eine Selbstverpflichtung des Individuums voraus, also eine Entscheidung bzw. ein Versprechen. *Nicht der Inhalt einer Entscheidung, sondern nur die in der Entscheidung sich ausdrückende Verpflichtung können demzufolge Gegenstand der Verantwortungszumutung sein.*

c) Diese Feststellung ist ernüchternd für alle, die den ‚Ruf nach Verantwortung' in pauschalisierender Form erheben. Allzu oft ist ihrem Begehren eine Art Doppelmoral eigen, d.h. sie fordern von anderen Verantwortung nach Kriterien, denen sie selbst nicht zu genügen bereit sind. Wieviele Atomkraftgegner machen sich nichts daraus, weite Strecken mit dem Auto allein zurückzulegen, obwohl es kaum eine energieverschwendendere und umweltbelastendere Fortbewegungsart gibt! Daß die Doppelbödigkeit derartiger Argumentationen jedoch im Regelfalle nicht bewußt wird, ist selbst eine Folge der gesteigerten gesellschaftlichen Komplexität. Der Ruf nach Verantwortung moralisiert Probleme, die sich – ethisch gesprochen – nicht nach den Prinzipien der Gerechtigkeit, sondern nur nach denjenigen der Solidarität lösen lassen. Höffe unterscheidet daher begrifflich zwischen „verdienstlichen und geschuldeten Pflichten, zwischen Tugend- und Rechtspflichten", um die Differenz „zwischen einer Verantwortung aus Solidarität und einer aus Gerechtigkeit" zu verdeutlichen.[14] Nun ist der Appell an die Tugend gewiß ehrenwert, vor allem wenn er sich auf die eigene Tugend richtet. Der Appell an die Tugend Dritter dagegen – und eben dies meint der Ruf nach Verantwortung im Regelfalle – läßt allzu leicht Interessen vermuten, und diese lassen sich nun einmal nur im Rahmen von Rechtspflichten ausgleichen.

Dennoch wird diese ethische Abhandlung der Verantwortungsproblematik dem modernen Ruf nach Verantwortung nicht ganz gerecht. Denn das Interesse an der Tugend Dritter ist ja nichts Verwerfliches: es kann sogar sozial nützlich sein, dann nämlich, wenn es sich als Anerkennung der Tugend von Dritten ausdrückt. Zwar hat jede ernstzunehmende Verantwortung heute einen rechtlichen Kern, der sich auch als Pflicht interpretieren läßt. Aber in der Regel reicht die bloße Pflichterfüllung nicht aus, wo es sich um verantwortungsvolle Aufgaben handelt. Wie im folgenden Kapitel noch deutlicher werden soll, setzt die Wahrnehmung von Verantwortung im Regelfalle ein balancierendes Abwägen von Vor- und Nachteilen im Interesse Dritter voraus, und ihre Beurteilung erfolgt nicht nur pflicht-, sondern auch erfolgsorientiert. Der Verantwortungsträger übernimmt Risiken, nämlich die Risiken der Entscheidung, und insoweit Dritte dann Interesse an der Entscheidung haben, nimmt er ihnen diese Entscheidungslast ab. Indem Dritte sich einem Verantwortungsträger anvertrauen, anerkennen sie seine mutmaßliche Verantwortlichkeit.

Der eigentliche Grund für den ‚Ruf nach Verantwortung' und die schwindende Plausibilität älterer Formen von Moral ist darin zu suchen, daß sich gesellschaftliche Komplexität ständig steigert. Daraus resultiert ein Wachstum der Handlungsfolgen. Auch die in einer Entscheidungssituation verfügbaren Möglichkeiten nehmen zu. Wenn gesellschaftliche Leistungen aus immer längeren Handlungsketten mit im Prinzip erwartbaren Folgen resultieren, so heißt das auch, *daß Entscheidungen heute weiterreichende Folgen zeitigen können als früher*. Sowohl die Alternativen, die in einer Entscheidungssituation zu berücksichtigen sind, als auch die Folgenverkettungen, die durch Entscheidungen ausgelöst werden können, haben sich im Zusammenhang der neuzeitlichen Gesellschaftsentwicklung fortgesetzt erweitert und übersteigen heute im Regelfall die Erfahrungsmöglichkeiten der Individuen.

d) Deshalb können heute weittragende Entscheidungen nicht mehr von Personen allein, sondern nur von *Organisationen* als korporativen Akteuren getroffen werden. Genau genommen handeln und entscheiden natürlich auch in ihnen die dort tätigen Personen, aber sie stehen dabei unter ganz spezifischen Prämissen, welche durch frühere Entscheidungen im Rahmen dieser Organisation gesetzt werden. Derartige z.B. als Organisationsregeln oder Handlungsmaximen wirksamen Präzedenzentscheidungen sind häufig von ganz anderen Personen getroffen worden. Der konkrete Entscheider in Organisationen entscheidet somit keineswegs primär gemäß seinem Gewissen oder seinen persönlichen Einschätzungen, sondern gemäß den Präzedenzentscheidungen seiner Organisation und unter dem Einfluß weiterer Organisationsmitglieder.[15] Er muß damit rechnen, daß eine individuelle Abweichung von derartigen Normen ‚kraft besserer Einsicht' die eingespielten Handlungsketten stört und daher im Ergebnis vielleicht noch ungünstigere Folgen zeitigt als die Konformität mit den Regeln der Organisation. Und überdies muß er mit persönlichen Nachteilen rechnen. Deshalb ist es sinnvoll, Entscheidungen auch auf Organisationen zuzurechnen, was in rechtlicher Hinsicht durch das Konstrukt der *juristischen Person* ausgedrückt wird. Verantwortungsvolle Aufgaben in Organisationen sind dann typischerweise solche mit rechtlichem *Organcharakter*, wo die Entscheider die Organisation als ganze zu verpflichten und damit erhebliche organisations*interne* Folgen auszulösen vermögen.

Die zunehmende Unüberschaubarkeit von Handlungsketten ist nicht zuletzt durch ihren häufig mehrere Organisationen *übergreifenden* Charakter bedingt, denn die Interna einer Organisation bleiben Außenstehenden in der Regel verschlossen. *Eben deshalb bedarf es immer komplexerer Repräsentationen dieser Zusammenhänge,* wie sie insbesondere durch die verschiedenen Wissenschaften entwickelt werden. Die wesentlichen evolutionären Fortschritte, welche lange Handlungsverkettungen ermöglichen, sind zum einen die bereits oben angedeutete Ausdifferenzierung gesellschaftlicher Teilsysteme mit ihren spezifischen Eigenrationalitäten und Codes (vgl. 1.1c); und zweitens das Prinzip der arbeitsteiligen Organisation mit ihren differenzierten Aufgaben und Zuständigkeiten (vgl. 4.1). Personen, die im Rahmen solcher Organisationen entscheiden und handeln, sind durch ihre in der Regel beschränkte Zuständigkeit (im doppelten Sinne von Befugnis und Fähigkeit!) nicht mehr in der Lage und auch nicht gefordert, die Verantwortung für den gegenüber Dritten eigentlich interessierenden Gesamtablauf zu übernehmen. Die Individualität scheint demzufolge im gesellschaftlichen Leben mehr und mehr an den Rand gedrängt und tendenziell bedeutungslos zu werden.

Bezeichnenderweise verweist der Gesellschaftstheoretiker Niklas Luhmann Personen in die *Umwelt* von Sozialsystemen, und seine Soziologie hat es nur mit Kommunikationen zu tun, die in Sozialsystemen ablaufen, nicht mit ihren in der Regel doch menschlichen Autoren! Das ist ihm oft vorgeworfen worden. Es handelt sich aber um eine theoretisch durchaus nützliche und problemaufschließende Entscheidung, denn sie repräsentiert gesellschaftliche Zusammemhänge so, daß die Zeitgenossen sich auch in ihrer relativen Randständigkeit, welche ja keineswegs eine theoretische Erfindung, sondern eine alltägliche Erfahrung ist, wieder erkennen können. Daß dies allerdings *nicht die ganze Wirklichkeit*, sondern nur eine bestimmte, nämlich gesellschaftstheoretische Repräsentation von Wirklichkeit ist, wird von Luhmann als selbstverständlich vorausgesetzt, allerdings kaum ausgesprochen. Andere Repräsentationen, welche die Bedeutung von Personen für soziale Zusammenhänge verdeutlichen, sind möglich. Welche Bedeutung den Individuen unter den Bedingungen hoher organisatorischer und gesellschaftlicher Komplexität zukommt, ist eine außerhalb der Luhmannschen Gesellschaftstheorie liegende, offene Frage. Mit der im folgenden zu entwickelnden Unterscheidung von Verantwortung und Verantwortlichkeit soll auf die durchaus gegebenen Einwirkungsmöglichkeiten von Personen auf soziale Verhältnisse hingewiesen werden.

5. Verantwortung und Verantwortlichkeit

Wenn wir zu einer angemessenen Einschätzung der Verantwortungsproblematik gelangen wollen, so ist zweierlei erforderlich: Zum einen sind die einschlägigen unterschiedlichen Verantwortungsphänomene, die wir in der Wirklichkeit beobachten können, genauer zu beschreiben, und zum anderen muß deutlich gemacht werden, wo die Grenzen der Problemlösungsfähigkeit durch Verantwortungszuschreibung oder Verantwortungübernahme liegen. Die erste Frage bildet den Gegenstand dieses Kapitels, die zweite denjenigen des folgenden Kapitels.

Aufgrund der vorangehenden Überlegungen können wir Verantwortungsphänomene im wesentlichen auf drei Ebenen festmachen: Zunächst auf derjenigen des Individuums; das ist die klassische Perspektive, deren Exklusivität im vorangehenden in Frage gestellt wurde. Die Vorstellung, das Individuum stehe unmittelbar der ‚Gesellschaft' oder ‚Welt' gegenüber und könne daher für irgendwelche weitreichenden Entwicklungen direkt verantwortlich gemacht werden, wie dies im Rahmen der skizzierten Diskurse über Großrisiken (vgl. Abschnitt 2.1) getan wird, ist naiv und wenig hilfreich. Wie im vorangehenden gezeigt wurde, sind für alle weittragenden Entscheidungen längst nicht mehr einzelne Individuen, sondern kollektive Akteure verantwortlich, die aus soziologischer Sicht den Charakter arbeitsteiliger Organisationen tragen. Damit scheint auf den ersten Blick die Verantwortungsproblematik diffus zu werden: Typischerweise fallen heute Entscheidungen innerhalb mehrköpfiger Gremien, und zudem sind die ‚offiziellen' Entscheider typischerweise in hohem Maße von Entscheidungsvorbereitungen durch ihre Mitarbeiter und Stäbe abhängig, so daß sich die Verantwortung für das Zustandekommen einer bestimmten Entscheidung häufig auf eine unüberschaubare große Zahl von Personen verteilt.

Die Diffusität von Verantwortungszuschreibung verschwindet jedoch, sobald wir uns von der Prämisse lösen, Verantwortung sei primär ein Problem der moralischen Selbstverpflichtung von Individuen und daher ein ethisches Problem. Aus juristischer Sicht ist Verantwortung primär ein Haftungsproblem. Mit der Einführung der Rechtsfigur der ‚juristischen Person' hat das Recht schon früh auf die sich verändernde Verantwortungskonstellation im Sinne der Verlängerung der Handlungsketten und der gesteigerten Komplexität möglicher Entscheidungen reagiert. Rechtliche Verantwortung ist somit im wesentlichen Verantwortungs*zuschreibung*. Nicht derjenige, der zur Verantwortung gezogen wird, befindet über seine Verantwortlichkeit, sondern Dritte entscheiden darüber, in erster Linie die gesetzlichen Richter nach Kriterien, die entweder der Rechtsordnung oder dem Urteil von Experten oder schließlich dem ‚Common sense', d.h. den vom Richter geteilten allgemeinen Auffassungen entnommen sind.

Der soziologische Begriff von Verantwortung[1], wie er im vorangehenden anhand der Denkfiguren der politischen Verantwortung und der Aufgabenverantwortung entwickelt wurde (vgl. Abschnitt 3.2, c und d) liegt im Spannungsfeld der konträren Prinzipien von Selbstverpflichtung und Fremdverpflichtung. Die soziale Funktion der Zuschreibung von Verantwortung und Verantwortlichkeit besteht in der Mobilisierung von Selbstverpflichtung im Sinne außergewöhnlicher, nicht programmierbarer Handlungsbereitschaft für besondere Zwecke sozialer Systeme. *Die Zuschreibung von Verantwortung erfüllt also eine spezifische Funktion im Rahmen von Organisationen, nämlich die Lösung gerade derjenigen Probleme, die sich durch die Organisation nicht in genereller Weise regeln lassen.* Verantwortung ist überall dort gefragt, wo die festgelegten Regeln nicht mehr greifen, sei es, daß es für bestimmte Fragen keine geregelten Antworten gibt, sei es, daß die Befolgung einer bestimmten Regel zu unsinnigen Ergebnissen führt.

Welche Bedeutung der verantwortungsvollen Wahrnehmung von Handlungs- und Ermessensspielräumen in modernen Gesellschaften zukommt, kann an der Drohung mit einem ‚Dienst nach Vorschrift' gezeigt werden. Dieser wird von nicht streikberechtigten Beamten gelegentlich angedroht und ist im Falle von Fluglotsen des öfteren praktiziert worden. Wenn die Fluglotsen ihre Vorschriften genau einhalten würden, geriete der Flugverkehr ins Stocken. Vorschriften, die auch noch bei ungünstigen Witterungsverhältnissen hinreichend sicher sein müssen, können sich bei klarem Wetter als unnötig restriktiv erweisen und daher in ‚verantwortungsvoller Weise' situationsangemessen modifiziert werden. Eben dies läßt sich aber nicht mehr mit einer Art Superregel regeln, es sei denn im Sinne einer offenen Zweckformel, die den Verantwortungsspielraum nicht einschränkt, sondern nur ausrichtet, z. B. „Die Flugsicherungsregeln sind so zu handhaben, daß stets die Flüssigkeit und die Sicherheit des Luftverkehrs den Umständen entsprechend gewährleistet sind". In diesem allgemeinen Sinne bestimmt etwa auch § 1 Abs. 1 des Deutschen Sozialgesetzbuches: „Das Recht des Sozialgesetzbuches soll ... dazu beitragen, ein menschenwürdiges Dasein zu sichern ..." Es handelt sich hierbei um sog. unbestimmte Rechtsbegriffe, die einer konkreten Ausfüllung bedürftig sind. Im Sinne der vorangehenden Unterscheidung von Tugendpflichten und Rechtspflichten kann man in derartigen offenen Zweckformeln auch den Versuch sehen, Tugendpflichten Rechtscharakter zu verleihen.

In dieser Skizze der Verantwortungsproblematik wurden vier Ebenen angesprochen:

1. die institutionelle Ebene, also die Ebene der allgemeinen *rechtlichen Normierungen*. Sie bindet sowohl individuelle wie kollektive Akteure, vornehmlich in der Form des Haftpflicht- und des Strafrechts, aber auch durch eine Fülle weiterer Rechtsnormen, aus denen erst hervorgeht, ob ein Haftungs- oder Strafgrund vorliegt.

2. die organisatorische Ebene. Sie interessiert hier unter dem Doppelaspekt als Regelgefüge und als kollektiver Akteur. Das Eigenleben von Organisationen resultiert aus einer Vielzahl von *Entscheidungen mit Präzedenzwirkung nach innen und Verpflichtungscharakter nach außen*, gegenüber Dritten. Diese Entscheidungen erhalten im Rahmen der Organisation eine von ihren individuellen Autoren (z. B. der Geschäftsleitung eines Unternehmens im Jahre X) unabhängigen Charakter, weil sie auf die Organisation, und nicht auf die seinerzeit entscheidenden Personen zugerechnet werden.
3. Um handlungsfähig zu sein, müssen Organisationen *Kompetenz- und Verantwortungsstrukturen* ausbilden, d. h. sie müssen Entscheidungen darüber treffen, wer wozu befugt ist und wer für welche Entscheidungsfolgen zur Rechenschaft gezogen werden kann. Hier sind die Phänomene der politischen und der Aufgabenverantwortung anzusiedeln, die im vorangehenden skizziert wurden. Sie beziehen sich auf bestimmte Positionen in Organisationen oder – im Falle von selbständig Erwerbenden – auf Berufsrollen, die durch entsprechende Berufsverbände legitimiert werden.
4. Die Verantwortung der Individuen, welche im folgenden zur besseren Unterscheidung als ‚*Verantwortlichkeit*‘ bezeichnet wird, deren Charakter angesichts der übrigen Verantwortungsphänomene einer genaueren Bestimmung bedarf.

Wir beginnen unsere Analyse mit dem Phänomen der positionsgebundenen Verantwortung, da es zwischen der individuellen Verantwortlichkeit und der Organisationsverantwortung vermittelt und die wesentlichen Charakteristika beinhaltet, welche mit dem alltagssprachlichen Verantwortungsbegriff verbunden sind. Von diesem Phänomen aus lassen sich die Besonderheiten individueller Verantwortlichkeit und der Organisationsverantwortung deutlicher fassen.

5.1 Positionsgebundene Verantwortung

Organisationen sind in der Regel mehr oder weniger hierarchisch aufgebaut, d. h. sie unterscheiden ihre Mitglieder nach dem Grad der ihnen zugesprochenen Verantwortung im Sinne einer Über- und Unterordnung. Die hierarchisch Höherstehenden haben in der Regel größere Verantwortung als die Untergebenen, und zwar in einem doppelten Sinne: Zum einen ist ihr Zuständigkeitsbereich größer, weil sie in der Regel eine Mehrzahl von Untergebenen zu kontrollieren haben, von denen jeder für bestimmte, jedoch unterschiedliche Aufgaben zuständig ist; zum anderen haben sie eine höhere Verantwortung auch in dem Sinne, daß ihnen Entscheidungen von größerer Reichweite zustehen, d. h. daß ihre Entscheidungen für die Organisation gewichtigere Folgen haben als diejenigen nachgeordneter Positionen. Der wesentliche Unterschied liegt jedoch aus der hier vertretenen Perspektive in dem Umstand, daß höherrangige Entscheidungsträger in der Regel über einen *größeren Handlungs- und Ermessensspielraum* bei der Erfüllung ihrer Aufgaben verfügen. Ihnen wird also zugemutet oder vertraut, daß sie bestimmte Probleme auch ohne eindeutige Entscheidungsrichtlinien zu lösen vermögen. Diese allgemein bekannten Zusammenhänge seien im folgenden spezifiziert.

a) Die oben unterschiedenen Phänomene der politischen Verantwortung und der Aufgabenverantwortung lassen sich organisationstheoretisch wie folgt verallgemeinern: Von *Aufgabenverantwortung* sei überall dort die Rede, wo es um die Erledigung bestimmter Aufgaben oder die Wahrnehmung umschriebener Kompetenzbereiche im Rahmen einer Organisation geht. Hier sind also die grundlegenden Organisationsentscheidungen bereits vorausgesetzt, die Verantwortung bezieht sich hier auf den *Entscheidungsspielraum innerhalb weitgehend geklärter organisatorischer Vorgaben*. Hier dominiert das Moment der Organisation – oder etwas breiter gefaßt: der Institutionalisierung – eindeutig dasjenige der persönlichen Verantwortung.

Hiervon zu unterscheiden ist das Phänomen der *Führungsverantwortung*, das wir oben unter dem Aspekt der politischen Verantwortung kennengelernt haben, aber uns ebenso gut unter demjenigen der Unternehmerverantwortung vorstellen können.

Wir haben oben am Beispiel der Entstehung des Postsystems gezeigt, wie organisatorische Zusammenhänge sich *allmählich* institutionalisieren können und dann ein einigermaßen stabiles Gefüge bilden, im Rahmen dessen eigentlich nur noch die Phänomene der Aufgabenverantwortung anzufallen scheinen. Hier wird das Phänomen der Führungsverantwortung noch nicht recht deutlich. Halten wir dagegen ein Unternehmen in einer Branche mit hohem technologischem Wandel und starkem Konkurrenzdruck, so sieht es anders aus: Zwar sind auch solche Unternehmen durch Handlungsprogramme und Organisationsstrukturen, also durch einen gewissen Grad an Institutionalisierung gekennzeichnet, ohne den sie nicht effektiv arbeiten könnten. Aber gleichzeitig bedarf die Anpassung dieser Programme und Organisationsstrukturen an die sich wechselnden Konstellationen der Märkte des nicht mehr im voraus programmierbaren Einsatzes hierfür besonders qualifizierter Personen, von denen wir sagen, daß sie eine Führungs- oder Unternehmerverantwortung wahrnehmen. Hier tritt also auch im Kontext hochorganisierter Gebilde und langer Handlungsketten wieder ein tragendes *personenbezogenes* Moment zutage. *Die gemeinte Verantwortung ist freilich mit bloß moralischen Qualitäten alter Art nicht zu erfüllen.* Es geht vielmehr darum, in höchst diffizilen Abwägungsprozessen zwischen den Chancen, welche sich auf verschiedenen Märkten bieten, und den Möglichkeiten des eigenen Unternehmens ‚richtige' Entscheidungen zu fällen. ‚Richtig' meint dabei, daß sich Entscheidungen im nachhinein als erfolgreich, sprich die Gewinnsituation, die Marktstellung und die langfristige Stabilität des Unternehmens stärkend herausstellen.

Hier haben wir also die typischen Merkmale einer ‚verantwortungsvollen Aufgabe' vor uns: Ein hoher Handlungsspielraum, eine hinsichtlich ihres Ergebnisses nicht absehbare Aufgabe, und die Notwendigkeit besonderer Qualitäten, die an die Person des Verantwortungsträgers gebunden sind. Man kann die unternehmerische Aufgabe nicht mehr als ‚Pflicht' umschreiben, denn die Erfüllung von Pflichten reicht für den erwünschten Erfolg keinesfalls aus. Die Unternehmerfunktion läßt sich nicht programmieren, *sie besteht gerade darin, das noch nicht Programmierte möglich zu machen.* Deshalb ist auch von einem besonderen unternehmerischen Risiko die Rede, das sich in besonders hohen Gewinnen, aber auch Verlusten niederschlagen kann.

b) Diese Einsichten gilt es nun zu verallgemeinern: Als verantwortungsvoll gelten Aufgaben, deren Erfüllung sich nicht im voraus programmieren läßt, wo also der Eigentätigkeit des Verantwortungsträgers eine über jede Pflichterfüllung hinausgehende spezifische Qualität zukommt. Die Zuweisung von Verantwortung wird daher regelmäßig mit Vorteilen für denjenigen verbunden, der ‚Verantwortung übernimmt'. Denn *durch die Übernahme von Verantwortung wird ja derjenige, der sie überträgt, von Entscheidungen entlastet, an denen er ein Interesse hat.* Die Zuschreibung von Verantwortung bedeutet das Vertrauen in die Kompetenz Dritter, relevante Entscheidungen mit günstigem Ausgang fällen zu können. Das gilt beispielsweise für die Wahl von Spitzenfunktionären oder Politikern, aber auch für unser Vertrauen gegenüber einem Arzt oder einem Anwalt oder einem Architekten. Die entsprechende Gegenleistung liegt zunächst einmal in der Übertragung einer bestimmten Entscheidungsbefugnis, also von Macht und Einfluß, sodann aber im Regelfalle in weiteren Gratifikationen wie soziale Anerkennung oder finanzielle Honorierung. Wenn derjenige, welcher Verantwortung übernimmt, dem in ihn gesetzten Vertrauen nicht gerecht wird, geht mit dem Vertrauensentzug i.d.R. auch die übertragene Befugnis sowie wenigstens ein Teil der Gratifikationen verloren. Da soziale Verantwortung die rechtliche im Regelfalle mitumfaßt, läßt sich hierbei eine charakteristische *Doppelstruktur der Sanktionierung* beobachten: Wer lediglich das in seine Leistungsfähigkeit gesetzte Vertrauen enttäuscht, ohne daß ihm Pflichtverletzungen nachgewiesen werden können, muß zwar mit dem Verlust von Befugnissen und Gratifikationen in der Zukunft rechnen, ohne daß er jedoch für vergangenes Handeln verantwortlich gemacht werden könnte. Erst wo die rechtliche Verantwortung involviert ist, muß er u. U. auch für entstandenen Schaden haften.

c) Was die *Größe* der zugewiesenen oder übernommenen *Verantwortung* und damit i. d. R. auch das Ausmaß der Gratifikationen betrifft, so resultiert sie im wesentlichen aus zwei Dimensionen, nämlich dem Umfang des Handlungsspielraums und dem Gewicht der möglichen Folgen zweckmäßiger oder unzweckmäßiger Entscheidungen. Betrachten wir diese beiden Dimensionen genauer:

(1) Der *Umfang des Handlungsspielraums* eines Verantwortungsträgers resultiert zum einen aus dem Umfang der ihm übertragenen Aufgabe und zum anderen aus dem Anteil der Aufgabe, der *nicht* durch rechtliche oder sonstige (z. B. Anweisungen von Vorgesetzten oder Auftaggebern) Vorgaben eindeutig *bestimmt* ist. Ein großer Handlungsspielraum kann der subjektiven Unfähigkeit des Auftraggebers zuzuschreiben sein, er kann sich aber auch – und dies ist der hier zunächst interessierende Fall – aus der Natur der Aufgabe ergeben, die übertragen wird. Die Erfüllung einer Aufgabe erfordert einen umso größeren Handlungsspielraum, je unabsehbarer, und d. h. entweder je vielfältiger oder je weitreichender die Folgen der mit der Aufgabenerfüllung verbundenen Entscheidungen sind. Oder technischer: *Je komplexer die Aufgabe, desto größer ist der erforderliche Handlungsspielraum des Aufgabenträgers.*[2]

(2) *Das Gewicht der Verantwortung ist vom Gewicht der mit ihr verbundenen Risiken abhängig.* Das Gewicht des Risikos wird durch zwei grundsätzlich voneinander unabhängige Urteile bestimmt, nämlich einerseits ein Urteil über die *Wahrscheinlichkeit* des Eintretens möglicher Folgen und andererseits die *Bewertung* dieser möglichen Handlungsfolgen. Diese beiden Urteilsdimensionen lassen sich in konkreten Entscheidungssituationen

nur schwer miteinander verrechnen: Viele Menschen schrecken auch vor extrem unwahrscheinlichen Handlungsfolgen zurück, wenn diese eine Katastrophenschwelle tangieren, also z. B. ihr Leben oder dasjenige Dritter bedrohen. Ich muß es bei diesen Andeutungen belassen, aber auf ein daraus resultierendes Dilemma aufmerksam machen: Je komplexer eine Aufgabe ist, desto unabsehbarer sind im Regelfalle auch ihre *möglichen* Handlungsfolgen. Wie wir gesehen haben, nimmt angesichts der wachsenden Vernetzung der gesellschaftlichen Wirklichkeit der Bereich der möglichen Handlungsfolgen generell und sozusagen objektiv zu. Deshalb kann das, was als Risiko gilt, was man also an Handlungsfolgen in Betracht zieht, mehr und mehr nur in einer subjektiven Auswahl liegen. Es gibt in diesem Sinne keine objektiven Risiken, sondern *Risiken werden stets von den Beteiligten selbst definiert*, sind also eine Frage der Auswahl, der Wahrnehmung und der Bewertung.[3]

d) Eben dieser Umstand ermöglicht auch die Entstehung eines ‚Verantwortungsmarktes'. Soziale Prozesse der Gewichtung von Verantwortung äußern sich im Ansehen und in den Möglichkeiten des Einkommenserwerbs, die mit bestimmten Aufgaben verbunden sind. Wie hoch die Bereitschaft ist, solche verantwortungsvolle Aufgaben zu übernehmen, hängt dann von der Einschätzung eigener Fähigkeiten, aber auch von der Einschätzung der mit der Aufgabe verbundenen Erfolgschancen im Sinne der Erreichung bestimmter Handlungsfolgen ab. Der Wert der zu erreichenden Handlungsfolgen ist dagegen für den Verantwortungsträger im Regelfall von geringerer Bedeutung als für denjenigen, der Verantwortung an Dritte überträgt. Aus dieser Einsicht läßt sich eine Schlußfolgerung von großer Tragweite ziehen: *Auf dem ‚Verantwortungsmarkt' lassen sich umso höhere Preise erzielen, je stärker die Risikoeinschätzungen zwischen den Nachfragern nach Entscheidungen und den Verantwortungsträgern auseinandergehen*. Eben deshalb gehören beispielsweise Chirurgen zu den Spitzenverdienern, denn im Gegensatz zu den Patienten glauben sie die Folgen ihrer Entscheidungen überblicken zu können, und sie sind auch nur mittelbar betroffen, wenn etwas schiefgeht. Werden die Risiken von potentiellen Verantwortungsträgern jedoch genauso hoch eingeschätzt wie von den Nachfragern nach Entscheidungen, so kommt eine Verantwortungsübertragung wahrscheinlich überhaupt nicht zustande, analog zu den auf dem Versicherungsmarkt nicht versicherbaren Risiken.

5.2 Verantwortlichkeit als Bündel personenbezogener Fähigkeiten

Bisher war vorwiegend von Verantwortung und zwar im Sinne von Aufgaben- oder Rollenvertantwortung (accountability) die Rede, also von der mit der Übertragung oder freiwilligen Übernahme von bestimmten Aufgaben verbundenen Erwartung an eine nicht nur pflichtgemäße, sondern auch im Regelfalle erfolgreiche Aufgabenerfüllung. Der Begriff der Verantwortung bezieht sich also primär auf umschriebene Handlungsbereiche und die damit verbundenen Aufgaben, nicht auf Personen. Fragen wir dagegen nach den Eigenschaften, durch welche sich Personen auszeichnen sollen, denen wir die Übernahme großer Verantwortungen zumuten, so liegt der Begriff der *Verantwortlichkeit* (responsibility) nahe. ‚Verantwortlichkeit' ist gerade dort gefragt, wo die herkömmlichen Mittel der Definition und Kontrolle von Pflichten versagen. *Verantwortlichkeit appelliert an die Selbstverpflichtung des Verantwortungsträgers im Sinne einer nichtprogrammierbaren Handlungsbereitschaft.*

Welches sind die charakteristischen Situationen, in denen heute Verantwortlichkeit gefragt ist? Offensichtlich zunächst die bereits erwähnte Führungsverantwortung, also der Fall, wo immer noch durch Entscheidungen Einzelner weittragende organisatorische und – vermittelt über die geführte Organisation – auch über die Organisation hinausreichende Folgen bewirkt werden können. Da Inhaber solcher Führungspositionen aber zumindest scheinbar weitgehend frei agieren können, sei die spezifische Struktur der Verantwortlichkeitsproblematik zunächst am Beispiel einer offensichtlich stark gebundenen Position, nämlich derjenigen eines Oberarzts erläutert: Wie jeder Arzt ist er zum einen den Patienten seiner Abteilung nach den Regeln der ärztlichen Kunst verantwortlich, darüber hinaus aber auch denjenigen, die ihn zur Ausübung seiner Oberarztfunktion ermächtigt haben, also der Krankenhausleitung. Die Erwartungen, welche seitens der Patienten an Oberarzt gerichtet werden, sind dabei typischerweise nicht dieselben wie diejenigen der Krankenhausleitung. Von den Patienten wird beispielsweise erwartet, daß sich der Arzt Zeit nimmt, um sie anzuhören und sie gründlich zu untersuchen. Von Seiten der Krankenhausleitung wird insbesondere von ihm erwartet, daß er die ihm aufgetragene Abteilung medizinisch so betreut, daß keine Klagen entstehen, daß er Assistenzärzte und Pflegepersonal anweist und kontrolliert usw. Auch diese Personen haben zudem ihm gegenüber bestimmte Erwartungen, die wiederum nicht mit denjenigen der Patienten und der Krankenhausleitung übereinstimmen. Organisationstheoretisch formuliert: Der Inhaber der Position ‚Oberarzt' hat gegenüber den Inhabern anderer Positionen unterschiedliche ‚Rollen' zu übernehmen. Er ist gegenüber dem Chefarzt der ‚Untergebene', gegenüber Stationsschwestern möglicherweise Vorgesetzter, gegenüber anderen Ärzten ‚Kollege', gegenüber der Krankenhausverwaltung ‚Arbeitnehmer', gegenüber den Patienten ‚Arzt'. Mag auch über die mit der Position ‚Oberarzt' verbundenen Minimalpflichten ein gewisser Konsens bestehen, über die Ausfüllung der mit dieser Position verbundenen Handlungsspielräume – beispielsweise bei der Entscheidung über die frühere oder spätere Entlassung eines Patienten oder die Aufstellung von Dienstplänen – können die Erwartungen und Beurteilungen weit auseinandergehen.

Verantwortungsvolle Positionen sind somit auch durch *potentielle Konflikthaftigkeit* der mit ihnen verbundenen Pflichten und Erwartungen zu charakterisieren, und gerade darin muß sich

Verantwortlichkeit bewähren. Verantwortlichkeit meint somit die Fähigkeit einer Person, angesichts konfligierender Pflichten und Erwartungen gegebene Handlungsspielräume so zu nutzen, daß unter Erwägung aller ‚bedeutungsvollen' Gesichtspunkte eine ‚zweckmäßige' Entscheidung getroffen wird, d. h. eine Entscheidung, deren vielfältige Folgen sich im nachhinein *insgesamt* rechtfertigen lassen.

Diese Beschreibung deckt offensichtlich auch den Typus der Führungsverantwortung: Auch die Inhaber organisatorischer Spitzenpositionen stehen selbstverständlich unter dem Erwartungsdruck der Angehörigen ihrer Organisation, sie haben aber überdies vor allem auch den zahlreichen organisationsexternen Erwartungen zu genügen. Sie müssen je nach Charakter der Organisation auf die Entwicklung von Märkten oder politischer Konstellationen achten. Sie müssen um das Ansehen nicht nur ihrer Person, sondern auch ihrer Organisation bei allen für sie relevanten Personen und Einrichtungen besorgt sein, die ihnen mit höchst unterschiedlichen Erwartungen entgegentreten können. Nicht zuletzt unterliegen auch sie zahlreichen formellen Verpflichtungen, die in der Regel noch weit weniger untereinander abgestimmt sind als im Rahmen der Aufgabenverantwortung einer bestimmten Organisation.

‚Verantwortlichkeit' als Eigenschaft von Positionsinhabern wird somit vor allem bedeutungsvoll in *Konfliktsituationen*, und auch die Beurteilung der ‚Verantwortlichkeit' als einer sozial relevanten Eigenschaft durch Dritte resultiert in der Regel aus einer komplexen, häufig intuitiv *synthetisierenden Einschätzung* des Verhaltens in Konfliktsituationen. Verantwortlichkeit bewährt sich zwar auch im Alltag, wird jedoch als solche erst manifest in Ausnahmesituationen, beispielsweise in Zielkonflikten oder bei außergewöhnlichen Risiken. Ob eine Ausnahmesituation besteht, mag sich aus der Sicht des Verantwortlichen selbst und seitens Dritter verschieden darstellen. Der Bademeister, der bei gefährlichem Seegang unter Einsatz des eigenen Lebens ein Kind rettet, mag dies als Selbstverständlichkeit empfinden, und darf trotzdem mit der Anerkennung seiner Verantwortlichkeit rechnen; ertrinkt er selbst, wird man nur seine Pflichterfüllung loben. *Die erfolgreiche Problembewältigung ist das Gütesiegel der Verantwortlichkeit.*

Welches sind nun die individuellen Voraussetzungen, welche Personen befähigen, in diesem Sinne ‚verantwortlich' zu handeln? Hierzu gehören m. E. drei Arten von Fähigkeiten, nämlich kognitive, moralische und kommunikative Fähigkeiten.

a) *Kognitive Fähigkeiten*: Angesichts des Umstandes, daß Verantwortlichkeit nur in komplexen Situationen mit hohem Handlungsspielraum unersetzlich ist, setzen hier sachgerechte oder gar optimierende Handlungsweisen die kognitive Berücksichtigung vielfältiger Gesichtspunkte und deren Abwägung voraus. Diese Abwägung mag eher analytisch oder eher intuitiv erfolgen, auf jeden Fall müssen wir bei hierzu befähigten Individuen eine differenzierte Erfassung der in Frage stehenden Probleme, d. h. hohe kognitive Fähigkeiten voraussetzen. Die hierfür erforderlichen Grundqualifikationen werden heute im Regelfall durch verwissenschaftlichte Ausbildungsgänge an Hochschulen zu vermitteln gesucht. Darüber hinaus sind jedoch im Regelfalle persönliche Erfahrungen im fraglichen Verantwortungsbereich notwendig. Dieses Erfordernis wird i. d. R. durch Institutionalisierung von Karrierestufen sichergestellt, wobei die Betrauung mit verantwortungsvolleren Aufgaben die erfolgreiche Bewältigung von Aufgaben mit geringerem Risiko und kleinerem Handlungsspielraum voraussetzt.

b) *Moralische Fähigkeiten*: Angesichts der durch Dritte nur ungenügend kontrollierbaren Handlungssituationen setzt Verantwortlichkeit ein besonderes Maß an Selbstkontrolle voraus, deren Aspekte sich durchaus im Sinne der klassischen Kardinaltugenden – Klugheit, Gerechtigkeit, Tapferkeit und Mäßigkeit – entwickeln lassen.[4] Zudem bedarf es eines erheblichen Maßes an normativer Selbstverpflichtung im Sinne einer Einhaltung der für einen bestimmten Handlungsbereich geltenden *Regeln*. Nicht weniger wichtig erscheint die Identifikation mit den im Handlungsbereich vorherrschenden *Werten* und die dadurch vermittelte Disposition, das verfügbare Wissen und die kognitiven Fähigkeiten im Interesse derjenigen einzusetzen, die in eben dieser Erwartung dem Verantwortungsträger Vertrauen entgegenbringen. Die moralische Qualität derartiger Regeln und Werte äußert sich insbesondere in der *Verpflichtung, im Konfliktfalle eigene Interessen gegenüber den berechtigten Interessen Dritter oder auch allgemeinen ethischen Grundsätzen zurückzustellen.* Das ist unmittelbar einsichtig bei Positionen, die mit erheblicher Macht ausgestattet sind, es läßt sich aber auch an anderen Beispielen zeigen: Dem Chirurgen, der durch einen unerwarteten Operationsverlauf oder durch das Zusammentreffen mehrerer dringlicher Operationen um seine Freizeit gebracht wird; der Börsenberater, der sein Insider-Wissen nicht zum persönlichen Vorteil gebrauchen darf: der Ingenieur, der selbst um den Preis einer Kündigung die Unsicherheit technischer Systeme anprangert, usw.

c) Allerdings genügen vielfach solche kognitive und moralische Kompetenzen allein nicht, um das für die Übertragung von Verantwortung erforderliche Vertrauen zu erzeugen, denn auch Verantwortlichkeit ist letztlich etwas, das einem Menschen von Dritten zugeschrieben wird. Es bedarf deshalb zusätzlich *kommunikativer Fähigkeiten,* um das Vertrauen Dritter zu gewinnen und das einem Verantwortungsträger entgegengebrachte Vertrauen aufrechtzuerhalten. Gerade in konflikthaften Situationen, die mit verantwortungsvollen Aufgaben oft verbunden sind, müssen bestimmte Erwartungen auch bei verantwortlichem Handeln gelegentlich enttäuscht werden. Da kommt es darauf an, Dritte von der Richtigkeit einer Entscheidung zu überzeugen. Verantwortung tragen impliziert ethisch die Bereitschaft, sich zur Rechenschaft ziehen zu lassen. Aber es bedeutet nicht, sich jeder Anklage gegenüber schuldig zu bekennen, beinhaltet vielmehr auch das Recht zur Verteidigung. Je mehr es einem Verantwortungsträger gelingt, seine Entscheidungen bzw. sein Handeln zu rechtfertigen, desto mehr kann er mit der Anerkennung seiner

Verantwortlichkeit und damit der Zuweisung von noch mehr Verantwortung rechnen.

Erinnern wir uns, daß sogenannte verantwortungsvolle Aufgaben im Regelfalle gerade deshalb auch als attraktiv gelten, weil ihre Erfüllung aus der Sicht derjenigen, welche hierfür die notwendigen Kompetenzen mitbringen, weniger schwierig erscheint als aus der Sicht der übrigen Betroffenen. Dennoch gilt im Regelfall eine Aufgabe als verantwortungsvoll auf Dauer nur, wenn auch objektiv mit unvorhersehbaren Ausnahmefällen zu rechnen ist, die tatsächlich ein außergewöhnliches Maß an Handlungsbereitschaft erforderlich machen. *In diesen ‚Ernstfällen' dürfen wir annehmen, daß kognitive, moralische und kommunikative Kompetenzen je für sich notwendige aber nur gemeinsam hinreichende Bedingungen verantwortlichen Handelns sind.*

Für den Außenstehenden ist diese Differenz zwischen dem Routine- und dem Ausnahmefall allerdings oft nicht durchschaubar, und manchmal gelingt es Verantwortungsträgern, durch eine große kommunikative Kompetenz den Eindruck höherer kognitiver oder moralischer Kompetenz zu erwecken, als tatsächlich vorhanden ist; oder brutaler gesagt, Fehler zu vertuschen und die Öffentlichkeit zu täuschen. Beispiele hierfür ließen sich aus dem Bereich der Politik wie auch der Wirtschaft skizzieren[5], ja in gewisser Hinsicht besteht das Geschäft der politischen und unternehmerischen Öffentlichkeitsarbeit ja gerade darin, Vertrauensvorschüsse auch unabhängig vom Nachweis der tatsächlichen Kompetenzen aufzubauen, um für die Zukunft Handlungsspielräume zu gewinnen. Das bedeutet zwar an sich noch keinen Verantwortungsmißbrauch, aber es erleichtert die Vertuschung von Verantwortungsmängeln und bildet damit selbst eine der Bedingungen, weshalb der Ruf nach ‚Verantwortlichkeit' lauter und vielstimmiger wird. Er richtet sich vor allem auf die moralischen Kompetenzen des Verantwortungsträgers, von denen man allein glaubt, daß sie dem Mißbrauch von Verantwortung gegensteuern können.

Wie aus unseren bisherigen Überlegungen hervorgeht, ist das

allerdings eine optimistische Perspektive. Wie Lenk am Beispiel von Sicherheitsmängeln dartut,[6] setzt innerhalb von Organisationen die Distanzierung von einer fragwürdigen ‚Binnenmoral' unter Berufung auf allgemeine moralische Maßstäbe ein gewisses Maß an *Heroismus* voraus. Zum Beispiel: Drei an der Konzeption für ein Nahschnellverkehrssystem mitarbeitende Ingenieure in Kalifornien „hatten bereits in der Planungsphase auf schwerwiegende Systemmängel und zu billige Ausführung des Systems aufmerksam gemacht, das öffentlich als das weltbeste und sicherste angekündigt worden war – von Managern, die keinerlei Kenntnisse über Systemanalyse besaßen ... Die Ingenieure hatten ganz zu recht ihre Vorgesetzten gewarnt und waren dann an den Vorstand herangetreten. Ein Vorstandsmitglied (zugleich Bürgermeister), nicht die Ingenieure selbst, hatte die Lokalpresse informiert. Firmenintern waren die Versuche der Ingenieure stets als unsinnig und übertrieben abgelehnt, sie selbst als ‚troublemakers' bezeichnet worden. Nach der Veröffentlichung wurden sie ohne Abfindung und Begründung entlassen ... Der Fall erlangte für die Öffentlichkeit erst dann Bedeutung, als ein Zug aufgrund des Versagens des Sicherheitssystems verunglückte und es einige Verletzte gab ... Sechs Jahre danach erhielten die drei Ingenieure den ersten Preis der Vereinigung der Elektroingenieure für hervorragenden Dienst im öffentlichen Interesse in Gestalt je einer Urkunde und 750 Dollar!"[7] In zahlreichen anderen Fällen fanden sich dagegen keine ‚whistle blowers' (d. h. Pfeifenbläser), die die Unternehmungen ‚verpfiffen'. Wir müssen uns deshalb den Problemen der Organisationsverantwortung zuwenden.

5.3 Zur Verantwortung von Organisationen

Es wurde gezeigt, daß das neuartige Prinzip der formalen, d. h. mit Bezug auf ihre Mitglieder weitgehend verselbständigten Organisation eine außerordentliche Steigerung der Arbeitsteilung und Verlängerung der Handlungsketten ermöglicht. Gleichzeitig wurde aber deutlich, daß sich dadurch das Problem der Verantwortung kompliziert: Einerseits werden Organisationen selbständige Träger von Verantwortung, indem ihnen der Charakter einer juristischen Person zugeschrieben wird. Andererseits verhindert die ethische Vorstellung, daß nur Individuen Träger von moralischer Verantwortung und damit von Schuld sein können, die Ausbildung eines eigenständigen organisationsbezogenen Verantwortungsbegriffs. Die nachfolgenden Überlegungen versuchen erste Schritte in diese Richtung.

Soziale Zusammenhänge können als *formale Organisationen* bezeichnet werden, wenn sie ihre Zugehörigkeit als ‚Mitgliedschaft' formalisiert haben, wenn es also klare Regeln darüber gibt, unter welchen Bedingungen man dazugehört und wie die Zugehörigkeit erworben und verloren werden kann. Das gilt für Vereine ebenso wie für Wirtschaftsunternehmungen oder den öffentlichen Dienst, nicht aber z.B. für Familien oder informelle Gruppen von Jugendlichen oder für Bekanntschaftskreise. Von Mitgliedern wird in der Regel erwartet, daß sie die Organisationsziele anerkennen und grundsätzlich bereit sind, bestimmte, durch die Führungsorgane der Organisation definierten Pflichten zu übernehmen.[8] Wer sich also einer Organisation anschließt – und dies kann im wesentlichen durch Beitritt, Arbeitsvertrag oder Zuwahl geschehen – übernimmt damit mehr oder weniger automatisch bestimmte Pflichten, d.h. er setzt sich verpflichtenden Erwartungen seitens der übrigen Organisationsmitglieder aus. Der Erwerb der Mitgliedschaft bedeutet also einen Akt der Selbstverpflichtung, der das Mitglied der Organisation und ihren Organen gegenüber rechenschaftspflichtig, also verantwortlich macht. Insoweit als Organisationsmitglieder Leistungen an Dritte erbringen, werden sie auch diesen gegenüber nach Maßgabe der von der Organisation eingegangenen Verpflichtungen verantwortlich. Dies ist der uns hier vor allem interessierende Fall.

Abgesehen vom unmittelbaren Nahbereich, also von Menschen, mit denen man ‚vertraut' ist, orientiert sich heute Vertrauen nicht mehr unmittelbar an Individuen, sondern an primär durch formale Organisationen legitimierten Rollenträgern. Persönliches Vertrauen beinhaltet hier stets gleichzeitig ein Stück *Systemvertrauen*[9], d. h. Vertrauen in die Fähigkeit einer formalen Organisation, ihre Miglieder insoweit zu kontrollieren, daß die Leistungen, die von ihnen erwartet werden, im Sinne der von der Organisation verbürgten Zielsetzungen und Funktionszuweisung erbracht werden. Das gilt zunehmend auch für selbständig Erwerbende, wenn sie verantwortungsvolle Aufgaben auf sich ziehen wollen. Alle ‚verantwortungsvollen Berufe' sind heute in Berufsverbänden organisiert und setzen eine Fachausbildung voraus, auf die die Berufsverbände mehr oder weniger starken Einfluß nehmen. Die Zugehörigkeit zum Berufsverband gilt als eine Art Ausweis für die Seriosität einer bestimmten Berufsausübung. Das setzt voraus, daß der Berufsverband ein gewisses Maß an sozialer Kontrolle über seine Mitglieder ausübt und ‚schwarze Schafe' ausschließt.[10]

Wenn wir also fragen, warum Klienten, Patienten, Antragssteller, Wähler oder Konsumenten zu irgendwelchen ihnen nicht näher bekannten Personen soviel Vertrauen entwickeln, daß sie bereit sind, die von ihnen angebotene Leistung zu akzeptieren, so zeigt sich, daß sich das Vertrauen in der Regel primär auf eine bestimmte Organisation (z. B. den Ärztestand oder das Krankenhaus, den Hersteller einer bestimmten Automarke oder ein bestimmtes Kaufhaus, eine bestimmte Behörde oder eine bestimmte Partei) bezieht. Erst sekundär bezieht sich das Vertrauen auf diejenigen Personen, mit denen man es zu tun hat, und die von der Organisation mit der Erbringung bestimmter Leistungen beauftragt bzw. ermächtigt worden sind. *Die Organisation fungiert somit als eine Art Vertrauensschutz in zunehmend anonymer werdenden Sozialbeziehungen.*

Unabhängig davon, ob dieses Vertrauen im Einzelfall berechtigt oder unberechtigt ist, sprechen organisationstheoretische Überlegungen dafür, Organisationen eine *höhere Verantwortungsfähigkeit* als Individuen zuzumuten[11]:

- Die Entscheidungsfindung in Organisationen ist in weit höherem Maße auf diskursive Verständigung angewiesen als bei Individuen. Organisationen benötigen ein hohes Maß an interner Transparenz ihrer handlungsleitenden Normen, um Zusammenarbeit sicherzustellen. Ein Großteil organisationeller Entscheidungsvorgänge ist deshalb schriftlich dokumentiert. Entscheidungsvorgänge in Organisationen sind daher grundsätzlich leichter rekonstruierbar und damit kontrollierbarer als bei Individuen.
- Organisationen sind infolge ihrer Fähigkeit zur internen Arbeitsteilung und Aufgabenspezialisierung weit eher als Individuen in der Lage, komplexe Entscheidungssituationen rational zu analysieren, die notwendigen Informationen zu speichern und bei ihren Entscheidungen eine Vielzahl von Nebenbedingungen zu berücksichtigen. Es scheint kaum übertrieben zu behaupten, daß rationale Entscheidungen im Sinne der modernen Entscheidungstheorie überhaupt nur innerhalb von Organisationen möglich sind.
- Organisationen sind weit eher als Individuen in der Lage, tendenziell widersprüchlichen Handlungsanforderungen zu genügen, da sie aufgrund ihrer internen Arbeitsteilung verschiedene Personen mit der Befriedigung der Erwartungen unterschiedlicher Bezugsgruppen beauftragen können. Organisationen ist daher die Erfüllung konfligierender Erwartungen in leichterer Weise (und ohne die emotionalen Spannungen des Individuums) möglich.
- Die Vielzahl der Rechtspflichten, welche in modernen Staaten dazu dienen, einen gewissen Ausgleich zwischen den riskanten Entscheidungen der einen und den Betroffenheitsinteressen der anderen herzustellen, lassen sich heute von einem hierauf nicht spezialisierten Individuum überhaupt nicht mehr überblicken. Es ist bei allen wichtigeren Entscheidungen auf juristische Beratung angewiesen. Organisationen dagegen sind in der Lage, ja dazu verpflichtet, dem Wandel der Rechtslage zu folgen und ihre internen Handlungspro-

gramme an neue staatliche Auflagen in zuverlässiger Weise anzupassen.
- Aus diesem Grunde erscheinen Organisationen auch in weit stärkerem Maße durch staatliche Vorgaben regulierbar als Individuen. Während Individuen häufig schon aufgrund ihrer psycho-physischen Anfälligkeit nicht in der Lage sind, bestimmten Handlungserwartungen zu genügen, können sich Organisationen auf diese Weise nicht entschuldigen. Organisationen sind immer ‚zurechnungsfähig' und zudem hochgradig reagibel auf staatliche Sanktionsdrohungen. Organisationen lassen sich „viel zuverlässiger als Individuen in übergeordnete Steuerungssysteme integrieren: weil sich aus der Kenntnis ihrer spezifischen Verletzlichkeiten sehr genau entnehmen läßt, auf welche Arten von Sanktionen sie in welcher Weise reagieren."[12]

Diese gesteigerte Verantwortungsfähigkeit von Organisationen bedeutet selbstverständlich nicht, daß daraus eine erhöhte ‚Verantwortlichkeit' im ethischen Sinne resultiert, daß also Organisationen von sich aus dazu tendieren würden, das Gemeinwohl oder die Interessen Dritter im Sinne einer Identifikation mit übergeordneten moralischen Maßstäben zu berücksichtigen. Im Gegenteil muß damit gerechnet werden, daß Organisationen noch weit eher als Individuen dazu disponiert sind, *opportunistisch* zu handeln, d.h. alle normativen Zumutungen nur unter dem Gesichtspunkt von Organisationsinteressen und externen Sanktionsmöglichkeiten zu beurteilen. Gerade weil Organisationen weder ein Gewissen, noch Emotionen wie Angst, Schuldgefühle oder auch Freude und Genugtuung kennen, und die in Organisationen handelnden Individuen in der Regel mit deren Entscheidungen sich nur in emotional distanzierter Weise verbinden, sind moralische Zumutungen und Anerkennungen hier fehl am Platz. Organisationen verstehen nur die Sprache des Rechts, und dies ist einer der Hauptgründe, weshalb in modernen Gesellschaften die moralische Regulierung gegenüber der *rechtlichen Regulierung* so stark zurücktritt. Sie ist zwar mit spezifischen

Defiziten behaftet, doch lassen sich diese durch moralische Appelle im Regelfall nicht kompensieren.

Vor allem im Bereich des Haftungsrechtes kann man die zunehmende Anerkennung einer spezifischen Organisationsverantwortung deutlich verfolgen, wenngleich dies in der Rechtssystematik nicht zum Ausdruck kommt. Grundsätzlich gelten die Normen des Haftungsrechts für natürliche und juristische Personen in gleicher Weise, aber insbesondere die verschiedenen Formen der betrieblichen Haftung lassen die Berücksichtigung der organisationsspezifischen Gegebenheiten erkennen.

a) Juristische Personen haften wie natürliche Personen *aufgrund eingegangener Verträge*, und zwar auch für die Handlungen ihres Personals (§ 278 BGB). Allerdings haftet jeder Schuldner grundsätzlich nur für schuldhafte Vertragsverletzungen, d. h. der Geschädigte muß mindestens die mangelnde Sorgfalt des Schuldners bei der Vertragserfüllung nachweisen können. Eine praktische Besonderheit hoch organisierter juristischer Personen besteht jedoch darin, daß sie den Abschluß ihrer Verträge häufig mit allgemeinen Geschäftsbedingungen verbinden, die eine Einschränkung ihrer zivilrechtlichen Haftung beinhalten. Dies ist grundsätzlich statthaft, bedeutet jedoch eine faktische Benachteiligung insbesondere wenig rechtskundiger Vertragspartner.

b) Komplizierter liegen die Verhältnisse im Bereich der *Schädigung durch unerlaubte Handlungen*. Im Gegensatz z. B. zum Schweizerischen Zivilrecht kennt das Deutsche BGB keine allgemeine Haftung für Schäden aus unerlaubten Handlungen. Die Haftungsgründe werden einzeln aufgezählt. Juristische Personen haften grundsätzlich für die unerlaubten Handlungen ihrer *Organe*, d. h. wenn z. B. ein Vorstandsmitglied durch Bestechung eines mit der Vergabe öffentlicher Aufträge beauftragten Beamten dieser Körperschaft oder auch konkurrierenden Dritten einen Schaden zufügt, so haftet hierfür unmittelbar das Unternehmen.[13] Weniger eindeutig sind dagegen die Haftungsverhältnisse für unerlaubte Handlungen des *Personals* einer Organisation (§ 831 BGB). Zwar haftet auch hier grundsätzlich der Arbeitgeber für das Verschulden seines Arbeitnehmers, er kann sich aber dieser Haftung durch den Nachweis entziehen, daß er alle Sorgfalt bei der Auswahl der Person des Arbeitnehmers und bei den zum Einsatz kommenden Vorrichtungen oder Gerätschaften beachtet habe. Diese ‚Entschuldigung' scheint in der Praxis die Regel zu sein, so daß bei einer Schädigung durch unerlaubte Handlungen – z. B. wenn der mit der Reparatur eines Haushaltsgeräts betraute Monteur einer Firma andere Haushaltsgegenstände beschädigt – der Geschädigte sich in der Regel mit Ansprüchen an den häufig finanziell nicht leistungsfähigen ‚Verrichtungsgehilfen' begnügen muß.

c) Für beide bisher erwähnten Formen der Haftung gilt, daß der Geschädigte seinen Anspruch nur durchsetzen kann, wenn ihm ein vierfacher Nachweis gelingt:
– daß ihm tatsächlich ein Schaden entstanden ist,
– daß ein Fehlverhalten bzw. eine unerlaubte Handlung von seiten des Schädigers vorliegt,
– daß diese Handlungen den Schaden verursacht haben,
– daß ein Verschulden des Schädigers vorliegt.

Insbesondere der Nachweis des Verschuldens und des Fehlverhaltens ist jedoch im Falle arbeitsteiliger Organisationen wesentlich schwieriger als im Falle einer Einzelperson. Dies hat den Gesetzgeber veranlaßt, mit Bezug auf Organisationen zunehmend vom Prinzip der Verschuldenshaftung zu demjenigen der *Gefährdungshaftung* überzugehen. Wie schon der Name sagt, haftet hier z. B. der Halter eines gefährlichen Tieres oder der Betreiber einer gefährlichen Anlage (zuerst: die Eisenbahn!) aufgrund der hiermit verbundenen Risiken unabhängig von seinem Verschulden. Er kann Schadensersatzansprüche im Falle des gelungenen Kausalitätsnachweises nur durch den Einwand abwehren, der Schaden sei vom Geschädigten absichtsvoll herbeigeführt worden. Dieses zunächst nur sehr restriktiv gehandhabte Haftungsprinzip hat zuerst im Zusammenhang mit der Einführung der Berufsunfallversicherung eine Ausweitung erfahren: Bis dahin hatten Arbeitnehmer, wenn sie von einem Berufsunfall oder einer Berufskrankheit betroffen waren, das Verschulden des Unternehmers für ihre Schädigung nachzuweisen. Von da an haftete grundsätzlich der Unternehmer, dessen Leistungspflicht jedoch von den gleichzeitig eingerichteten Berufsgenossenschaften übernommen wurde, die durch die Unternehmen einer bestimmten Branche finanziert werden. Diese Ausgliederung des Haftungsrisikos hat sich insgesamt als sehr erfolgreich erwiesen, da die Berufsgenossenschaften schon aus ökonomischem Interesse zu Spezialisten der Unfallprävention und -rehabilitation geworden sind. Auch das erst 1989 in Kraft getretene Produkthaftpflichtgesetz erweitert die Verantwortung des Unternehmens für seine Produkte erheblich, insofern für die Erlangung von Schadenersatz nunmehr der Nachweis genügt, daß der Schaden durch einen Produktfehler entstanden ist. Der Unternehmer – übrigens nicht nur der Produzent, sondern auch der Importeur oder notfalls der Händler, bei dem das Produkt gekauft wurde – kann sich von seiner Verantwortung nur durch den Nachweis befreien, daß der Fehler nach dem Stand von Wissenschaft und Technik zum Zeitpunkt des Produktverkaufs nicht erkennbar gewesen sei. Daneben besteht die Gefährdungshaftung gegenüber Unbeteiligten Dritten aufgrund zahlreicher Sondergesetze, insbesondere was Bergwerke und die Atomkraft betrifft.

Wir können hier also eine eindeutige Tendenz der Rechtsordnung erkennen, Organisationen als Verantwortungsträger ernst zu nehmen. Natürlich setzt die Einführung neuer Haftungstatbestände stets eine Güterabwägung voraus, welche im Falle der Gefährdungshaftung etwa darin zum Ausdruck kommt, daß Obergrenzen der Schadensersatzpflicht festgelegt werden.[14] Der mutmaßliche Grund dieser Haftungsbeschränkungen ist das Interesse des Staates, die Risiken im Rahmen des privatwirtschaftlichen Versicherungssystems kalkulierbar und deckungsfähig zu halten und die riskanten Produktionszweige durch die Einführung der Gefährdungshaftung nicht zu strangulieren bzw. ins Ausland zu vertreiben. *Defacto bedeutet das, daß gerade die Geschädigten bei Großkatastrophen durch die Gefährdungs-*

haftung nur ungenügend gedeckt sind. Es ist allerdings fraglich, ob eine Verschärfung privatrechtlicher Haftungsbedingungen den Geschädigten viel bringen würde, denn die nächste Haftungsgrenze wäre durch den Konkurs des Betreiberunternehmens im Regelfalle bald erreicht. Die Übernahme einer Staatshaftung dagegen könnte die Sorgfaltsneigung der Betreiberunternehmen nur noch mehr unterminieren. Wir sehen an diesen Überlegungen, daß es Grenzen der Risikovorsorge gibt, die sich kaum und schon gar nicht durch moralische Appelle überwinden lassen.

Aber auch der Durchsetzung geltender Rechtsnormen stehen erhebliche *Widerstände von Seiten der Organisationen* gegenüber. Obwohl organisationsinterne Interessengegensätze häufig sind und nicht selten auch die Effektivität der internen Arbeitsteilung beeinträchtigen, besteht in der Frage der Haftung gegenüber Dritten häufig eine hohe *Solidarität der Organisationsmitglieder*. Man versucht, die Haftung gegenüber Dritten soweit wie möglich einzuschränken, um auf diese Weise interne Auseinandersetzungen über die Haftungsfolgen zu verhindern. Häufig sind Organisationen dabei gegenüber Dritten in einer starken Position, vor allem wenn es sich um Einzelpersonen und nicht wiederum um organisierte kollektive Akteure handelt. Daraus resultieren Machtunterschiede, welche bis heute insbesondere seitens der Wirtschaftstheorie (und auch der Wirtschaftsethik!) noch kaum zur Kenntnis genommen werden. *Diese Machtunterschiede prägen jedoch die moderne Verantwortungsproblematik entscheidend.*

Perrow faßt die nach seinen Untersuchungen einer großen Zahl von Katastrophenfällen aus allen Bereichen der Großtechnik *gängige Praxis* in folgendem „Leitfaden für die nächste Katastrophe" zusammen:
(1) Alle Risikosysteme werden von ihren Auftraggebern für sicher gehalten;
(2) Nachrichten über ein eingetretenes Unglück stammen in der Regel von Stellen *außerhalb* des Systems;

(3) die Sprecher von Großunternehmen haben ein Interesse daran, Informationen über solche Unfälle zurückzuhalten, zu verzögern und möglichst lange zu dementieren, weil immer eine gewisse Möglichkeit besteht, daß sich der Schaden schließlich als begrenzt erweisen wird;
(4) wenn einmal Nachrichten nach außen gedrungen sind, werden der Unfall und seine möglichen Folgen soweit wie möglich bagatellisiert;
(5) jeder größere Unfall wird wenn irgendmöglich zunächst als ‚menschliches Versagen' oder mit ‚Bedienungsfehlern' erklärt; diese Erklärung ist in aller Regel nicht zutreffend;
(6) bei allen eingehenden Untersuchungen von Unfällen ist mit Vertuschungsmanövern zu rechnen;
(7) nach Abschluß einer Unfalluntersuchung wird sich kaum etwas ändern.[15]

In diesem Zusammenhang ist zu betonen, daß die Verantwortung von juristischen Personen zumindest nach deutschem Recht bis heute ausschließlich zivilrechtlichen und keinen strafrechtlichen Charakter trägt. Strafrechtlich könnten höchstens Personen mit Organverantwortung, also z. B. Vorstände der Betreibergesellschaft eines gefährlichen Unternehmen belangt werden, doch dürfte ihnen eine Schädigungs*absicht* kaum jemals nachzuweisen sein, ja im Regelfalle nicht einmal realistischerweise unterstellt werden. Im Falle der Gefährdungshaftung wird überhaupt nicht mehr auf Verschulden abgestellt, mit der Anerkennung von Haftungsgründen ist also rechtlich keinerlei moralische Inkriminierung verbunden. Dennoch kann man die erwähnten Abwehrpraktiken der Organisationen regelmäßig beobachten. Es muß offen bleiben, inwieweit dies im wesentlichen auf die die Unternehmenspolitik dominierenden ökonomischen Interessen oder aber auf die Moralisierung des Gefährdungsverhaltens in der Öffentlichkeit zurückzuführen ist, welche trotz der nichtinkriminierenden Rechtslage ökologische und technische Katastrophenfälle den entsprechenden Unternehmungen bzw. ihren Leitungen *moralisch* anlastet.

5.4 Zur Rolle von Sonderethiken

Unsere bisherigen Überlegungen ließen die öffentliche Moralisierung von Großrisiken oder Umweltschäden und die darauf reagierenden Versuche, durch die Entwicklung einer Wissenschafts-, Technik- oder Wirtschaftsethik die Probleme in den Griff zu bekommen, in einem fragwürdigen Lichte erscheinen. Handelt es sich angesichts der gegebenen Interessenlagen nicht um bloße Irreführungen der Öffentlichkeit, um eine Art Augenwischerei, die an den Interessenlagen nichts ändert und daher mit Bezug auf die Praxis wirkungslos bleiben muß? Diese Argumentation unterstellt, daß Interessenlagen von Wissenschaftlern, Technikern und Unternehmungen in eindeutiger Weise gegeben sind. *Interessenlagen sind jedoch ebenso wie Risikolagen eine Frage der Wahrnehmung und der Definition.* Sie sind – selbstverständlich nur in Grenzen – nicht nur durch staatliche Auflagen, sondern auch durch öffentliche Diskurse *beeinflußbar*. Es stellt sich daher die Frage, ob die zu beobachtende öffentliche Moralisierung technischer Großrisiken und Umweltschädigungen – oder auch der Widerstand einzelner Mitarbeiter gegen schädigende Unternehmenspraktiken – nicht doch auf Dauer Wirkungen zu entfalten vermag. Spezifische Wirkungen können allerdings nur erzielt werden, wenn es gelingt, praktische Verhaltensnormen für bestimmte organisierte Handlungsbereiche zu entwickeln. Das ist das Ziel der heute entstehenden Sonderethiken.

Ohne daß hier auf Details dieser neuen Denkrichtungen eingegangen werden könnte[16] läßt sich doch festhalten, daß diesen Erörterungen angesichts der beschränkten Wirkungsfähigkeit staatlicher Kontrollen und natürlich auch angesichts der Widerstände gegen ihre politische Durchsetzung eine gewisse soziale Bedeutung nicht abgesprochen werden kann. Man mag zwar fragen, inwieweit das, was hier geschieht, den Standards einer philosophischen Ethik genügt, aber zweifellos handelt es sich um den Versuch, neues ‚Ethos' zu bilden, nämlich *Grundsätze eines bereichsspezifischen sittlichen Handelns.*[17] Ethos bedeutet ursprünglich ‚Sitte', d. h. das kraft Tradition und Gewohnheit Geltende. Sitte hat stets einen lokalen, keinen universalen Geltungsbereich. Eine neue Forschungsrichtung spricht von ‚lokaler Gerechtigkeit', sie untersucht die praktizierten Verteilungsregeln, die in unterschiedlichen gesellschaftlichen Bereichen zur Zuteilung begehrter Güter angewendet werden.[18] In einem ähnlichen Sinne sind m. E. die heutigen Versuche zu beurteilen, bereichsspezifische Praktiken auf Begriffe zu bringen und in diesem Zusammenhang Grundsätze eines bereichsspezifisch ‚richtigen' Handelns zu entwickeln. Dabei muß die Frage zunächst offen bleiben, inwieweit es sich hier um Grundsätze handelt, die vor den Kriterien einer universalistischen Ethik stand halten. Darin liegt ihre Ambivalenz. Aber es ist m. E. doch als ein Fortschritt zu bezeichnen, wenn über Verhaltensgrundsätze im Rahmen einer bereichsspezifischen Öffentlichkeit diskutiert wird, und es ist gerade aus dieser zumindest halböffentlichen Erörterung auch ein Einfluß allgemeiner ethischer Prinzipien zu erhoffen. Zwar wird man die praktische Verbindlichkeit solcher Richtlinien und Grundsätze zunächst als recht bescheiden einstufen müssen, aber es handelt sich doch um Versuche der Entwicklung eines eigenständigen Organisationsethos. Insoweit als solche Grundsätze von bestimmten Organisationen im Sinne einer Selbstverpflichtung als verbindlich anerkannt werden, können sie sogar als Ansätze zu einer ‚verdienstlichen' Pflichtübernahme, die über Gerechtigkeitspflichten hinausgeht, interpretiert werden.

Es stellt sich allerdings die Frage, *inwieweit und warum Organisationen ein Interesse haben können, sich solchen Selbstverpflichtungen zu unterwerfen.* Bezieht sich solches Interesse nicht nur auf das öffentliche Image einer Unternehmung, die sich damit gegenüber kritischen Einwänden hinsichtlich ihrer Geschäftspraktiken immunisieren will? Muß nicht davon ausgegangen werden, daß im Konflikt zwischen Moral und ökonomischem Interesse die Moral immer den Kürzeren zieht?

Betrachtet man den Charakter der in Ethikcodes, Unternehmensgrundsätzen und ähnlichen Dokumenten enthaltenen Normen so wird allerdings deutlich, *daß sich diese nicht gegen die zentralen Interessen der betreffenden Organisationen richten, sondern lediglich die Bedingungen spezifizieren, unter denen diese Interessen verfolgt werden dürfen.* Dies schließt zwar bestimmte Möglichkeiten der Interessenverfolgung normativ aus, von denen aber durchaus zweifelhaft ist, inwieweit sie sich *langfristig* für ein Unternehmen lohnen, oder ob die zumeist moralisch fragwürdigen Praktiken bloß kurzfristige Vorteile versprechen, verbunden mit einem unbestimmt hohen Risiko langfristiger Nachteile. Ähnlich wie der Freiheitsverzicht im Rahmen der Rechtsordnung aufgrund der dadurch erreichten höheren Sicherheit der Erwartungen sich langfristig für alle Beteiligten günstig auswirkt, kann sich auch solche *Selbstbindung gerade deshalb als günstig für ein Unternehmen erweisen, weil es dadurch gegenüber seinen Geschäftspartnern berechenbarer, gegenüber seinen Mitarbeitern fairer und in der Öffentlichkeit unanfechtbarer darsteht.*

Ein zentraler Aspekt betrifft dabei die Motivation der Mitarbeiter. Auch wenn man die moralische Robustheit des ‚knallharten Geschäfts' nicht unterschätzen darf, so hat doch bereits die ökologische Bewegung vielerorts zu einem Bewußtseinswandel, vor allem unter den Jugendlichen, beigetragen. Wirtschaftsleute werden mit ‚wirtschaftskritischen' Einwänden insbesondere über ihre Angehörigen konfrontiert, und es ist bekannt, daß die Familie wesentlichen Einfluß auf die Arbeitsmotivation ausübt. Die Vermutung, daß das Interesse der Wirtschaft an Wirtschaftsethik vor allem durch die zunehmende Motivationsprobleme der Mitarbeiter bedingt sei, spricht nicht dagegen, solche Bemühungen ernst zu nehmen. Sollte nämlich diese Diagnose zutreffen, so wäre gerade darin ein organisationsinternes Interesse zu erkennen, derartige Grundsätze nicht als bloße Etiketten der Öffentlichkeitsarbeit zu verabschieden, sondern ihnen eine gewisse interne Orientierungsfunktion zuzubilligen. *Das wachsende Interesse an der Schaffung einer eigenen ‚Unternehmenskultur' kann im Sinne einer lokalen Ethosbildung interpretiert werden.* Auch wenn die praktische Wirksamkeit derartiger Bemühungen zunächst bescheiden bleibt, wird man doch mit einer allmählichen Bewußtseinsveränderung und Umformulierung von Interessenlagen durchaus rechnen dürfen.

Der Hauptgrund, weshalb insbesondere in eng gekoppelten, arbeitsteiligen Organisationen die Entwicklung eines eigenständigen ‚Organisationsethos' nützlich sein kann, liegt in der *Erleichterung der innerbetrieblichen Kooperation.* Zahlreiche unternehmensinterne Friktionen sind auf mangelnde Information und Normunsicherheiten der Mitarbeiter zurückzuführen. In vielen Fällen fehlt es nicht an der Bereitschaft zur Loyalität, sondern weit eher an klaren Verhaltensstandards, um zu wissen, wie man sich im Sinne der Organisation ‚richtig' verhält. Eben hierzu kann die explizite Formulierung unternehmensinterner Regeln und Verhaltensstandards beitragen. Ihre Wirksamkeit wird allerdings davon abhängig bleiben, inwieweit auch Vorgesetzte sich an solche Grundsätze halten und inwieweit sie bei innerbetrieblichen Sanktionierungen (z.B. Beförderungen oder Lohndifferenzierungen) zur Geltung kommen. Inwieweit sich derartige Sonderethiken auch in lose gekoppelten Organisationen wie z.B. dem Wissenschaftssystem oder professionellen Vereinigungen Selbständiger als wirksam erweisen können, hängt ebenfalls von der Ermöglichung adäquater Sanktionsstrategien ab.

Ein organisatorisches Interesse an einer normativen Selbstbindung in bestimmten Hinsichten läßt sich also durchaus plausibel machen. Insoweit erscheint das Konzept der Verantwortung von Organisationen auch über den Bereich der rechtlichen Haftung hinaus im Sinn einer moralanalogen ‚verdienstlichen' Selbstbindung ausbaufähig. Darüber hinaus kommt der Entwicklung lokaler Sonderethiken aber auch rechtspolitische Bedeutung zu: In dem Maße, als sie von den Betroffenen normativ akzeptiert werden und nicht im Widerspruch zu allgemeinen ethischen Grundsätzen stehen, bilden sie das Material, aus dem weiterführende rechtliche Normierungen ihre Plausibilität ziehen können. Der moralisierende ‚Ruf nach Verantwortung' ist somit zwar nicht konkret genug, um irgendwelche praktischen Veränderungen zu bewirken, er kann aber als ideologischer Hintergrund durchaus Motive zu weiterführender Bewußtseinsbildung auslösen. Mittlerweile hat z. B. das allgemeine Publikum in der Bundesrepublik einen deutlichen ‚Wertewandel' in Richtung auf ein stärkeres Umweltbewußtsein durchgemacht.[19]

6. Grenzen der Verantwortung

6.1 Entscheidungsbereitschaft

Unsere bisherigen Überlegungen haben zwei grundlegende Formen von Verantwortung erkennen lassen: Einerseits bedeutet Verantwortung die normative Zumutung oder die Tatsache, daß ein (individueller oder kollektiver) Akteur für Folgen seines Tuns in bestimmter Hinsicht einsteht, sich zur Rechenschaft ziehen läßt. Andererseits bedeutet Verantwortung die Bereitschaft eines Akteurs oder die an ihn gerichtete Erwartung, das Risiko komplexer Entscheidungen auf sich zu nehmen. Diese Verantwortungsformen weisen jedoch eine unterschiedliche Struktur auf, welche am deutlichsten wird, wenn wir den unterschiedlichen *Zeitbezug* beider betrachten.

a) Verantwortung im Sinne der Rechenschaftspflicht ist vergangenheitsbezogen. Man hat für die Folgen früherer Handlungen einzustehen. Alle Formen der Haftung sind diesem Typus der Verantwortung zuzuzählen, aber natürlich fällt auch die Zurechnung oder Anerkennung einer moralischen Schuld in diese Kategorie.
b) Verantwortung im Sinne der Übernahme von Entscheidungsrisiken ist zukunftsbezogen. Im Moment der Entscheidung sind ihre tatsächlichen Folgen noch unbekannt, sie liegen in der Zukunft. Lediglich die *möglichen* Folgen können Gegenstand der Entscheidungsverantwortung sein, welche bewertet und gegeneinander abgewogen werden müssen. Das Ergebnis der Entscheidung wird sich erst später herausstellen.

Die Verschiedenheit beider Phänomene wird noch deutlicher, wenn wir bedenken, daß kaum jemand die Entscheidungsverantwortung in einer Situation zu übernehmen bereit ist, in der die Wahrscheinlichkeit hoch ist, daß die Entscheidungsfolgen zu Schuldzuweisungen oder zu Schadenersatzansprüchen an ihn führen. Wer Verantwortung übernimmt, tut dies in der Annahme eines erfolgreichen Ausgangs, eines im Regelfalle deutlichen Überwiegens der positiven über die negativen Effekte der Entscheidung – zumindest aus seiner Perspektive.

Weiterhin ist es in komplexen Entscheidungssituationen offensichtlich unmöglich, alle möglichen Entscheidungsfolgen vorauszusehen. Und noch schwieriger ist es für einen Dritten, zu beurteilen, ob der Entscheider bei seiner Entscheidung mit der notwendigen oder wünschenswerten Sorgfalt vorgegangen ist, ob ihm also die Berücksichtigung bestimmter Folgen, ja die Wahrscheinlichkeit ihres Eintretens im Einzelfalle zuzumuten gewesen wäre. Im Falle von Haftpflichtprozessen orientiert sich der Richter an typischen, durchschnittlichen Situationen und allgemeiner Erfahrung, um zu beurteilen, ob der Verursacher eines Schadens ‚fahrlässig' gehandelt hat, d. h. ob für ihn die Wahrscheinlichkeit der Schadensfolge erkennbar gewesen sei. *Haftungsverantwortung* setzt regelmäßig Pflichtverletzungen voraus, zumindest die Verletzung von Sorgfaltspflichten; sie ist auf relativ einfache, eindeutige Tatbestände beschränkt. *Entscheidungsverantwortung* ist jedoch gerade in solchen Fällen gefragt, wo die Orientierung an Rechtspflichten nicht ausreicht, um im Regelfalle ein günstiges Ergebnis zu erzielen. Vielmehr geht es um die Ausfüllung eines offenen Entscheidungsspielraums, *also gerade um die Absorption jener Art von Unsicherheit, die sich nicht durch Vorschriften und Regeln absorbieren läßt*. Vor dem Hintergrund dieser Unterschiede wird die in Abschnitt 5.1 (b) skizzierte Doppelstruktur der Sanktionierung von Verantwortungsträgern – Entzug der Befugnisse oder Anspruch auf Schadensersatz – in ihrer Notwendigkeit besser verständlich.

Der pathetische Ruf nach Verantwortung unterscheidet nicht

zwischen diesen beiden Phänomenen der Haftungsverantwortung und der Entscheidungsverantwortung und wird gerade deshalb unglaubwürdig. Während die Haftungsverantwortung zugeschrieben, eingefordert werden kann, kann niemand gezwungen werden, sich zu entscheiden; die Übernahme von Entscheidungsverantwortung ist nur durch Selbstverpflichtung möglich. Offensichtlich beinhaltet der undifferenzierte Ruf nach Verantwortung die Zumutung, daß jedermann für die Folgen seiner Entscheidung in nicht näher spezifizierter Weise zur Rechenschaft gezogen werden soll. Die praktische Konsequenz einer solchen verallgemeinerten Rechenschaftspflicht für Entscheidungsfolgen wäre im Regelfall das Ausbleiben von Entscheidungen, weil die Risiken der Entscheidung für den Entscheider damit zu hoch würden. Hier liegt die wesentliche Grenze aller Verantwortung.

Die politische Ausgestaltung des Haftungsrechts steht daher stets vor der Frage, inwieweit einem Akteur die negativen Folgen seiner Entscheidungen bzw. Handlungen zugerechnet werden sollen, und zwar unter dem Doppelaspekt der Gerechtigkeit einerseits und des Interesses am Zustandekommen bestimmter Entscheidungen bzw. Handlungen andererseits. Herrscht Übereinstimmung darin, daß bestimmte Handlungen unerwünscht sind, so spricht nichts dagegen, ihren Urheber für alle ihm billigerweise zuzurechnenden Folgen haftbar zu machen. Aber das ist nicht der typische Fall der Verantwortungsproblematik. Bei der Einführung neuer Technologien beispielsweise besteht grundsätzlich ja nicht nur ein unternehmerisches, sondern auch ein volkswirtschaftliches Interesse. Solche Technologien schaffen in der Regel Arbeitsplätze, erhöhen vielleicht auch die internationale Konkurrenzfähigkeit, usw.. Haftungsregeln dürfen also nicht so weit gehen, daß sie die Investitionsbereitschaft von Unternehmern lähmen. Ob und wann dies der Fall ist, läßt sich allerdings nicht sicher voraussagen, ist also selbst eine Frage riskanten (politischen) Entscheidens. Viel spricht dafür, daß insbesondere solche Haftungszumutungen die Investitionsbereitschaft lähmen, die sich auf *nicht versicherbare Risiken* beziehen. Insbesondere im Bereich der Umweltschäden sind die Versicherer bisher wenig fähig oder bereit, entsprechende Risiken zu versichern. Allerdings scheinen hier im Ausland bereits praktikablere Lösungen gefunden worden zu sein als in der Bundesrepublik.[1]

Neuere Untersuchungen zum Entscheidungsverhalten von und in Organisationen machen darauf aufmerksam, daß auch einer Rationalisierung des Entscheidungserhaltens im Sinne einer verantwortlichen Abwägung möglichst vieler Entscheidungsfolge Grenzen gesetzt sind.[2] Je komplexer die Entscheidungssituation für den Entscheider, desto mehr sinkt seine Motivation, sich zu entscheiden. Je mehr mögliche Handlungsfolgen betrachtet und bewertet werden müssen, desto schwieriger wird es, sich zu entscheiden und auch die Verantwortung für die Entscheidung zu übernehmen. Die Übernahme von Verantwortung ist jedoch selbst ein Signal für die Ernsthaftigkeit des Willens eines Entscheiders, bestimmte Handlungsabläufe in Gang zu setzen. Führung setzt deshalb Verantwortungsübernahme voraus. Die Motivation zur Übernahme von Führungsverantwortung ist daher an den *Glauben* des Entscheiders gebunden, daß er *erfolgreich* entscheiden kann. Entscheider tendieren daher dazu, die Risiken ihrer Entscheidungen zu unterschätzen, ja sie benötigen diese Unterschätzung der Risiken, *um sich entscheiden zu können!* Deshalb ziehen sie intuitive Entscheidungsstrategien vor, im Rahmen derer vor allem die Erfolgsmöglichkeiten abgewogen werden, nicht aber mögliche negative Nebenfolgen.

Diese Feststellungen stehen in einer gewissen Spannung zu dem, was in Abschnitt 5.3 über die gesteigerte Verantwortungsfähigkeit von Organisationen gesagt worden ist. In der Tat ist eine Beeinträchtigung der Entscheidungsbereitschaft durch die Verschärfung von Sorgfaltspflichten und Haftungsgründen umso eher zu erwarten, je individualisierter die Entscheidungsprozesse ablaufen. Im Wirtschaftsleben dürften also kleinere Unternehmer oder die Leiter mittelständischer Betriebe davon stärker beeinflußt werden als große Konzerne. Dies aus dem doppelten Grunde, daß letztere einerseits schon aufgrund ihrer schieren

Größe höhere Risiken auf sich nehmen können, und anderseits in der Regel komplexere Entscheidungsprozesse institutionalisiert haben, im Rahmen derer sich rechtliche Auflagen leichter in systematischer Weise berücksichtigen lassen.

Die zumutbare Komplexität entscheidungsrelevanter Nebenbedingungen ist nicht nur eine Frage der Organisationsgröße, sondern auch der Führungsstruktur. Kollegiale Führungsstrukturen sind einer Verwischung der individuellen Verantwortung förderlicher als monokratische. Aber sie sind auch eher geeignet, um unterschiedliche Dimensionen einer Entscheidung in differenzierter Weise zu erörtern. Gleichzeitig stehen sie aber unter einem besonderen Einigungszwang, im Rahmen dessen sich selbst bestärkende Eingrenzungen der Entscheidungssituation entstehen. Die grundsätzlich höhere Verantwortungsfähigkeit von Organisationen bedeutet somit nicht automatisch eine höhere Verantwortungsbereitschaft. Diese kann allerdings durch die Entwicklung eines eigenständigen Organisationsethos, z. B. einer ‚Unternehmenskultur' grundsätzlich gesteigert werden.

Die *Grenzen des Problemlösungsmechanismus ‚Verantwortung'* sind also doppelter Natur:
Zum einen lassen sich nicht für alle Probleme Personen oder Organisationen finden, die bereit sind, die Entscheidungsverantwortung für ihre Lösung zu übernehmen. Verantwortungsbereitschaft ist an den Glauben der Verantwortungsträger gebunden, daß sie die anstehenden Probleme erfolgreich lösen können. ‚Erfolgreich' heißt dabei im Regelfalle, daß die Erwartungen derjenigen, welche die Verantwortung übertragen haben, befriedigt werden, ohne daß dafür dem Verantwortungsträger Nachteile entstehen. Zwar beinhaltet die Verantwortungszumutung in der Regel die Verpflichtung des Verantwortungsträgers, in Konfliktfällen auch Nachteile auf sich zu nehmen, um die Aufgabe erfolgreich zu lösen, oder den Mißerfolg zu kompensieren. Solche Konfliktfälle müssen jedoch ausreichend unwahrscheinlich und in ihren Folgen überschaubar bleiben, wenn die Verantwortungsbereitschaft nicht beeinträchtigt werden soll. Entscheider neigen

daher dazu, die Haftung für die Folgen ihrer Entscheidungen einzugrenzen, und zwar nicht nur aus Gründen der Kostenersparnis, sondern auch und vor allem im Interesse der Kalkulierbarkeit ihrer Entscheidungsfolgen.

Zum anderen ist zu berücksichtigen, daß Entscheider dazu neigen, die negativen Folgewirkungen ihrer Entscheidungen *für Dritte* zu unterschätzen. Dies geschieht in der Regel nicht aus Nachlässigkeit oder gar aus böser Absicht, sondern aus dem wesentlich elementareren *Interesse am Erhalt der eigenen Entscheidungsfähigkeit*. Situationsdefinitionen werden soweit vereinfacht, bis sie sich einer praktikablen Entscheidung fügen. Aus wohlverstandenem Eigeninteresse wird der Entschluß dabei vor allem diejenigen Entscheidungsfolgen im Blick behalten, die ihn betreffen und daher dazu neigen, solche auszuklämmern, die nur Dritte betreffen – seien sie günstig oder ungünstig!

Hier wird somit ein in der Sache liegender Konflikt sichtbar, der insbesondere im Zusammenhang mit der Diskussion um die negativen Folgen von Hochtechnologien zum Thema geworden ist: Der Konflikt zwischen denjenigen, die ein Interesse am Zustandekommen bestimmter Entscheidungen haben, von denen sie sich Vorteile versprechen, und denjenigen, welche nur die negativen Nebenfolgen zu befürchten haben, ohne an den mutmaßlichen Vorteilen zu partizipieren. *Dieser Konflikt läßt sich nicht durch einen Appell an ‚mehr Verantwortung' schlichten, sondern nur durch Regeln der Schadensverteilung*, wie sie insbesondere mit dem Haftungsrecht verbunden sind. Durch entsprechende Haftungsregeln kann es grundsätzlich gelingen, das Interesse Dritter an der Schadensvermeidung auch zum Interesse des Entscheiders selbst zu machen, allerdings mit dem Risiko, daß er dadurch von Entscheidungen bestimmter Art überhaupt abgehalten wird. Angesichts des politischen Interesses an technologischen Fortschritten bleibt daher das Folgenrisiko unternehmerischer Entscheidungen insbesondere im Bereich der sogenannten negativen externen Effekte stark begrenzt, und es gilt nicht selten das Prinzip der Privatisierung der Gewinne bei gleichzeitiger Kollektivierung der Verluste. Wahrscheinlich ist das nicht allein die Folge allzu großen politischen Einflusses der Wirtschaft. Vielmehr liegt häufig die Vermutung nahe, daß den negativen auch positive externe Effekte entsprächen. So mögen sich Politiker etwa von technologischen Innovationen eine Steigerung des Steueraufkommens oder eine Reduktion der Arbeitslosigkeit erhoffen.

6.2 Strategien des Umgangs mit kollektiven Gefährdungen

Unsere bisherigen Überlegungen haben sich auf individuelle und kollektive *Akteure* konzentriert, weil nur entscheidungsfähige Akteure Träger von Verantwortung sein können. Nur beiläufig wurde immer wieder darauf hingewiesen, daß moderne Verhältnisse sich gerade dadurch auszeichnen, daß in ihnen Handlungsketten, die eine große Zahl von Akteuren involvieren, von buchstäblich existentieller Bedeutung geworden sind. Unsere Lebenslagen, d. h. unsere Chancen zur Bedürfnisbefriedigung, hängen also in der Regel vom *Zusammenwirken einer Vielzahl von Akteuren* ab, deren Beiträge als je einzelne zwar notwendige, aber nur in ihrem Zusammenwirken hinreichende Bedingungen für die uns interessierende ‚Endleistung' darstellen.

Es wurde gezeigt, daß sich Handlungen zahlreicher individueller Akteure durch die Entstehung formaler Organisationen in effektiver Weise koordinieren lassen, und daß sich durch die Zuerkennung einer juristischen Persönlichkeit auch das Problem der Zurechnung von Handlungsfolgen auf Organisationen grundsätzlich lösen läßt. Wir haben deshalb die Bedeutung korporativer Akteure hervorgehoben und ihre eigenständige Verantwortungsfähigkeit betont. Es ist aber nicht möglich, alle Koordinations- und Zurechnungsprobleme auf diese Weise zu lösen. Die Etablierung von ‚Super-Organisationen' – beispielsweise im Sinne einer Staatswirtschaft – hat sich als offensichtlich unzweckmäßig erwiesen. Auch Organisationen haben nur ein beschränktes Problemlösungspotential, wie am Beispiel der ‚normalen Katastrophen' infolge unkontrollierbarer Binnenkomplexität bei Hochtechnologien gezeigt wurde. Aber das ist nur ein extremer Sonderfall; jeder korporative Akteur ist um seiner Effektivität willen darauf angewiesen, sich auf bestimmte Leistungstypen zu konzentrieren und seine organisatorische Struktur diesen spezifischen Effektivitätsbedingungen anzupassen. Man kann z. B. die Pflege alter Menschen nicht in der gleichen Form organisieren wie die Schulung von Kindern. Und erst recht nicht passen für beide die Organisationsgrundsätze, die für die Produktion und den Vertrieb von Massengütern zweckmäßig sind.

Hinzu kommt, daß korporative Akteure Macht entwickeln, die sie gegenüber ihrer Umwelt in einer deren Interessen benachteiligenden Form ausspielen. Organisierte Macht kann im wesentlichen nur durch organisierte Macht in Schranken gehalten werden; folglich brauchen wir eine Vielzahl korporativer Akteure, die untereinander entweder in kontrollierenden oder konkurrierenden Beziehungen stehen.

Die Koordination von untereinander *unabhängigen* (individuellen oder korporativen) Akteuren stellt ein gesondertes steuerungstheoretisches Problem dar. Typischerweise erfolgt solche Koordination stets in spezifischer, auf bestimmte Handlungen bezogener Weise, nicht jedoch mit Bezug auf das Gesamtverhalten der Akteure, die hier als autonom vorausgesetzt werden. In der Literatur werden verschiedene *Koordinationsformen* unterschieden:

- *hierarchische*, d. h. Koordination durch sanktionsbewehrte Vorschriften;
- *marktmäßige*, d. h. Koordination durch Konkurrenz und Preise;
- *solidarische*, d. h. Koordination durch gemeinsame Werte und geteilte Situationsdefinitionen;
- *professionelle*, d. h. Koordination durch den Austausch von Argumenten und gemeinsame Beratungen,
- *korporatistische*, d. h. Koordination durch fortgesetztes Verhandeln.[3]

Jede dieser Koordinationsformen hat ihre eigenen Effektivitätsbedingungen und Schwachpunkte, eine ‚ideale' Form der Handlungskoordination gibt es nicht.

Während im Rahmen der hierarchischen Koordination Verantwortung zugeschrieben wird, also durch Oktroyierung oder Beauftragung entsteht, setzen die übrigen Koordinationsformen auf Verantwortung aus *Selbstverpflichtung*, wobei die Selbstverpflichtung aber auf *unterschiedliche* Weise entsteht: Durch tauschorientierte Verträge im Falle der marktmäßigen Koordination, durch Identifizierung mit herrschenden Werten im Falle der solidarischen Koordination, als Ergebnis argumentativer Überzeugungsprozesse im Falle professioneller Koordination und als Ergebnis eines mehrdimensionalen Interessenabgleichs zwischen Organisationen im Falle korporativer Koordination.

Im vorliegenden Zusammenhang stellt sich die Frage, ob und inwieweit diese Koordinationsformen geeignet sind, kollektive Gefährdungen, wie sie in Abschnitt 1.2 als katastrophenträchtige Hochtechnologien und kumulative Umweltbelastungen skizziert wurden, in handhabbare Risiken zu transformieren oder ihre Entstehung zu verhindern.

Der in der öffentlichen und insbesondere auch ethischen Diskussion vorherrschende Lösungsmodus ist der Appell – wie wir bemerkt haben – an die moralische Verantwortlichkeit aller Beteiligten. In steuerungstheoretischer Perspektive sind derartige Appelle dem *solidarischen Koordinationstypus* zuordnen: Die Behauptung einer gemeinsamen Verantwortung aller für die Erhaltung der natürlichen Grundlagen unseres Zusammenlebens bezieht sich zum einen auf gemeinsame Wertorientierungen wie Gesundheit, Leben, Schönheit der Natur usw.; sie schlägt gleichzeitig eine Situationsdefinition vor, derzufolge alle Menschen von der Zerstörung der Natur in gleicher Weise bedroht seien, also „alle in einem Boot sitzen" und deshalb ein gemeinsames Interesse an der Erhaltung der Natur hätten; die Metapher ‚Raumschiff Erde' gibt dieser Behauptung plastischen Ausdruck. Wenn wir die Wirksamkeit moralischer Appelle beurteilen wollen, müssen wir uns demzufolge auf die Effektivitätsbedingungen und Schwachpunkte (failures) solidarischer Koordination besinnen.⁴

Die zentrale *Schwachstelle* solidarischer Koordinationsformen besteht in der problematischen Sicherstellung eines gleichwertigen Engagements aller Beteiligten. Moralische Verpflichtungen lassen sich nicht erzwingen. Die Konformität wird hier im wesentlichen durch informelle soziale Kontrollen, also durch Anerkennung bzw. Mißbilligung bestimmter Handlungsweisen und in ernsten Fällen durch die Zuweisung bzw. den Entzug persönlicher Achtung erzielt. Die Wirksamkeit dieses Sanktionsmechanismus ist jedoch an überschaubare Verhältnisse und enge Beziehungen zwischen den Beteiligten geknüpft. Solidarität entsteht i. d. R. nur zwischen einer überschaubaren Zahl von untereinander persönlich bekannten Akteuren, bzw. unter Akteuren, die ihr Verhalten gegenseitig relativ leicht kontrollieren können. Denn die Bereitschaft, sich solidarisch zu verhalten, ist im Regelfalle an die Nebenbedingung geknüpft, daß auch die anderen Solidarpartner sich in gleicher Weise engagieren. Sobald aber die Verhältnisse unüberschaubar werden, steigt die *Neigung zur Desolidarisierung*, zum „Trittbrettfahren". Solange nämlich die Mehrheit sich solidarisch verhält und sich nur eine Minderheit desolidarisiert, bleibt der gewünschte Effekt auch für denjenigen erhalten, der sich unsolidarisch verhält: Wenn z. B. der Fischreichtum eines Gewässers durch die Verbesserung der Fangtechniken mehr und mehr reduziert wird, und sich die Fischer im Interesse einer fortgesetzten Ergiebigkeit des Fischfangs auf zeitliche oder mengenmäßige Fangbeschränkungen einigen (eine soldiarische Lösung!), so profitiert derjenige, der sich nicht an die Vereinbarungen hält, auf Kosten der übrigen Fischer. Wir können daraus schließen, daß der Koordinationsmechanismus der Solidarität dem „Dilemma der großen Zahl" nicht gewachsen ist. Vor allem die verschiedenen Formen der Umweltbelastung resultieren jedoch aus dem massenhaften unbeabsichtigten Zusammenwirken vieler einzelner Schädiger; es ist nicht zu sehen, wie hier mit moralischen Appellen eine wirksame Einschränkung der Umweltbelastung soll erreicht werden können.

Die Wahrscheinlichkeit des ‚Trittbrettfahrens' wird noch verstärkt durch die in modernen Gesellschaften fast durchgängig wirksamen *Anreize zur Konkurrenz*. Der institutionalisierte Wetbewerb, wie er nicht nur für das Wirtschaftsleben, sondern z. B. auch für die Wissenschaft oder die Politik in liberalen Demokratien charakteristisch ist, „stärkt mit voller Absicht die Anreize, sich in interdependenten Handlungszusammenhängen individuell rational zu verhalten, also Trittbrettfahrer zu sein."[5] Es gibt jedoch einen Modus der Handlungskoordination, der das Trittbrettfahren weitgehend ausschließt, nämlich die Koordination über den *Markt-Preis-Mechanismus*. Er ist in spezifischer Weise darauf ausgerichtet, allen Beteiligten die Folgen ihrer Entscheidungen in der Weise zuzurechnen, daß darin die Präferenzen dritter Personen zum Ausdruck kommen. Die Institutionalisierung des wirtschaftlichen Wettbewerbs stellt somit grundsätzlich eine effektive Form der wechselseitigen Macht- und Verhaltenskontrolle auch im Interesse Dritter dar, einen Mechanismus zudem, der auch unter anonymen Bedingungen einer unüberschaubaren Zahl von Konkurrenten funktioniert, ja gerade dann seine Wirkung am besten entfaltet.

Dies gilt allerdings nur für Güter, deren Wert in Form von Kosten in die Wirtschaftsrechnungen der Akteure eingeht. Eben dies trifft jedoch für die Umweltbelastungen, aber auch für die nichtversicherbaren Folgen hochtechnologischer Katastrophen und erst recht für die kulturellen Desorientierungsfolgen gentechnischer Innovationen nicht zu. Es handelt sich um mit Bezug auf das Wirtschaftssystem *externe Effekte*, die im erstgenannten Fall bei den natürlichen Grundlagen unseres Lebens, im zweitgenannten Fall bei den Katastrophenopfern und im drittgenannten Fall in den Deutungssystemen unserer Existenz zur Wirkung gelangen. Der Marktmechanismus ist also von sich aus *nicht* in der Lage, mit diesen Gefährdungen umzugehen, er ist vielmehr ein institutioneller Verstärker von Handlungsweisen, die solche kollektiven Gefährdungen erst entstehen lassen. Eben deshalb ist das Problem der Abstimmung von Ökonomie und Ökologie zu einem gängigen wirtschaftspolitischen Topos geworden.

Inwieweit kann Abhilfe von den drei verbleibenden Kordinationsformen erhofft werden? Offensichtlich kommt sogenannten *Expertensystemen* bei der Aufklärung und Bewertung dieser Risiken eine erhebliche Funktion zu.[6] Sie sind am ehesten geeignet und in der Lage, die vielfältigen Probleme großtechnischer Systeme aufzuklären und Maßstäbe zur Messung und Beurteilung des Realitätsgehalts behaupteter Gefährdungen zu entwickeln. Auch wenn Expertenurteile in den kontroversen Fragen z.B. der Atomtechnik und der Gentechnologie häufig widersprüchlich sind, so gibt es doch keinen anderen Weg, um einigermaßen rationale Grundlagen für die in diesem Zusammenhang erforderlichen politischen Entscheidungen zu schaffen. Denn eine praktische Bekämpfung risikogeneigten Verhaltens – sei es im Rahmen der Umweltbelastung oder neuer Technologien – ist im wesentlichen nur von staatlichen Auflagen und Verboten nach dem Typus der *hierarchischen Koordination* zu erwarten.

In steuerungstheoretischer Hinsicht sind allerdings staatliche Gebote und Verbote unterschiedlich zu qualifizieren. Relativ unproblematisch sind grundsätzlich *Verbotsnormen*, da sie lediglich bestimmte Verhaltensweisen ausschließen und im übrigen den davon betroffenen Akteuren freie Hand lassen, wie sie ihre Ziele verfolgen wollen. Die damit institutionalisierte Verantwortungsform entspricht dem Typus der Haftungsverantwortung. Wesentlich schwieriger ist dagegen die Durchsetzung *staatlicher Gebote*, also das Vorschreiben einer bestimmten Verhaltensweise, beispielsweise die Rücknahme von Verpackungsmaterial durch die Produzenten oder den Handel. Auch wenn es gelingen sollte, solche Verhaltensweisen allgemein durchzusetzen, so bleiben doch deren Sekundärfolgen unkontrollierbar.

Rechtspolitisch geht es dabei um das Problem, daß sich nur konkrete Verhaltensnormen angemessen kontrollieren lassen, diese aber häufig nicht flexibel genug für die Lösung der anstehenden Sachprobleme oder nicht generell genug für die administrative Handhabbarkeit sind. Positive Verhaltensnormen wollen den Inhalt der Entscheidungsverantwortung von Akteuren *unmitelbar* beeinflussen. Sie sind in der Regel zukunftsorientiert und nicht vergangenheitsorientiert. Dies führt allerdings leicht in widersprüchliche Anforderungen an Gesetzgeber und Administrationen, die mit der Durchführung der Gesetze beauftragt sind.[7] Zweckmäßige Regelungen lassen sich meist nur durch relativ allgemeine gesetzliche Zielvorgaben anstreben, die dann von der Administration in konkrete Entscheidungen umgesetzt werden müssen. Dabei kommt ihr ein hohes Maß an Ermessen – oder Entscheidungsverantwortung – zu. Um zweckmäßig entscheiden zu können, sind die Beamten jedoch auf Informationen von Seiten derjenigen angewiesen, an die sich die Rechtsnormen wenden, deren Verhalten beeinflußt werden soll. Die Durchsetzung der Gesetze ist ohne Kooperation der Gesetzesadressaten praktisch nicht möglich. Dies führt dazu, daß unter der Hand die hierarchisch gemeinte Handlungskoordination zu einer verhandlungsgesteuerten (korporatistischen) Handlungskoordination wird. Dies scheint die typische Situation im Bereich der Durchsetzung von Umweltschutznormen zu sein.[8] Zunehmend versucht der Staat, sich auch der Kooperation von Wirtschaftsverbänden zu versichern, um seine umweltpolitischen Ziele zu verfolgen.[9] Je mehr er sich jedoch auf eine Zusammenarbeit mit den Akteuren einläßt, die er zu kontrollieren beansprucht, desto eher stellt er den rechtlichen Charakter seines Tuns in Frage. „‚Risikorecht' ist kein ‚Recht'. Es bezieht sich nicht auf die Funktion der kontrafaktischen Stabilisierung normativer Verhaltenserwartungen. ... Kontrollierbarkeit, Vorhersehbarkeit, Gerechtigkeit als Bedingungen rechtsstaatlichen Handelns ... sind für ein strategisches Recht keine relevanten Kriterien mehr."[10]

So sehr es somit naheliegt, *Risikovorsorge als neue Staatsaufgabe* zu postulieren[11] so ungeklärt sind doch bis heute die Bedingungen, unter denen der Staat dieser Aufgabe gerecht werden kann. Eine realistische Einschätzung der Lage läßt nur auf bescheidene, allmähliche Entwicklungen und auch Erfolge hoffen. Staatliches Entscheiden steht hier unter keinen geringeren Risiken als denjenigen der korporativen Akteure, die mit Hilfe dieser Entscheidungen kontrolliert werden sollen.

6.3 Schlußfolgerungen

Der Ruf nach Verantwortung wird zum ersten dann laut, wenn ein Schaden entstanden ist, für den ein Schuldiger oder zumindest ein Haftender gesucht wird. Notwendige Mindestvoraussetzung dafür, daß der Schaden einem Dritten zugerechnet werden kann, ist der Nachweis, daß er durch das Handeln eines Akteurs, d. h. einer natürlichen oder juristischen Person, *verursacht* worden ist. Für die Zurechnung im Sinne von Verantwortung muß jedoch eine weitere Bedingung erfüllt sein, nämlich das Vorliegen eines kollektiv akzeptierten Zurechnungsgrundes. Derartige *Verantwortungsgründe* sind

- absichtliche Schädigung oder der Bruch einer Selbstverpflichtung; dies ist der klassische Fall der moralischen und in gravierenden Fällen auch strafrechtlichen Schuld;
- Fahrlässigkeit, die Vernachlässigung der in einer Situation gebotenen Sorgfalt; das ist der klassische Fall der bloß zivilrechtlichen Haftung, deren moralische Vorwerfbarkeit von den Umständen des Einzelfalles abhängt;
- die Nutzung gefährlicher Mittel zu erlaubten Zwecken; das ist der Fall der Gefährdungshaftung, der erst in neuerer Zeit wachsende Bedeutung erlangt. Nach den klassischen Grundsätzen der Individualethik besteht hier eine Pflicht zur Folgenabwägung; überwiegen die erwarteten positiven Folgen über die negativen, so gilt die Handlung als erlaubt, andernfalls als verboten. Offensichtlich läßt sich aber eine solche individuelle Folgenabwägung nur in Fällen grober Ungleichgewichte eindeutig beurteilen. Eben deshalb verzichtet die Rechtsordnung

hier zunehmend auf einen Verschuldensnachweis und begnügt sich mit dem Nachweis der Verursachung des Schadens durch die gefährlichen Mittel.

Die Denkfiguren dieser Haftungsverantwortung sind klar und seit langem bekannt. Problematisch wird ihre Anwendung aus dreierlei Gründen: Zum einen bewirkt die für moderne Gesellschaften charakteristische organisierte und inter-organisatorische Arbeitsteilung und Handlungsverkettung, daß schädliche Effekte nicht mehr einzelnen Akteuren eindeutig kausal zugerechnet werden können. Zum zweiten werden Handlungsfolgen auch für die individuellen Akteure immer unüberschaubarer und vielfältiger; schließlich steigt die Wahrscheinlichkeit unvorhersehbarer schädlicher Effekte infolge des mehr oder weniger zufälligen Zusammentreffens mehrerer Einzelbedingungen, die nur in ihrem Zusammenwirken einen Schaden hervorrufen, z. B. bei der Emission chemischer Stoffe.

Diese Entwicklung legt es nahe, einen *neuen Zurechnungsgrund* der Verantwortung zu entwickeln, nämlich die *Verantwortung für die Folgen einer Entscheidung.* Dieser Verantwortungsgrund paßt weniger für Individuen, deren Intentionen ja in der Regel nicht nach den Kriterien der Entscheidungstheorie entstehen. Er paßt aber sehr wohl auf korporative Akteure im Sinne von mit Rechtspersönlichkeit ausgestatteten Organisationen, deren Ansprüche und Leistungen an die Umwelt durch interne Handlungsverkettungen zustande kommen. Organisationsentscheidungen sind schon um der organisationsinternen Kooperation willen explizit und meistens aktenkundig. Organisationen wirken aufgrund von Entscheidungen, welche lange Handlungsketten in Gang setzen. Entscheidungen tragen auch typischerweise den Charakter einer Selbstverpflichtung, so daß hier der Zurechnungsgrund mit dem höchsten Verbindlichkeitsgrad vorzuliegen scheint. Das Problematische dieser Entscheidungsverantwortung liegt jedoch in dem Umstand, daß hier Verantwortung nicht für eingetretene, sondern für mögliche und in ihrer

Wahrscheinlichkeit oft gar nicht genauer einschätzbare Schäden gefordert wird. Die Zumutung von Entscheidungsverantwortung richtet sich zudem nicht nur auf den Ausgleich möglicher späterer Schäden, vielmehr ist damit die Absicht verbunden, auf den Inhalt der Entscheidungen korporativer Akteure Einfluß zu nehmen, um diese zu weniger risikogeneigten Entscheidungen zu veranlassen. *Während die Haftungsverantwortung vergangenheitsorientiert ist, ist die Entscheidungsverantwortung zukunftsorientiert.*

Dies ist solange relativ unproblematisch, als sich zukünftige Risiken durch *Versicherungen* abdecken lassen. In diesem Falle gelingt es dem Entscheider, das Risiko seiner Entscheidungen überschaubar zu halten, also die Kosten möglicher Schäden im Augenblick der Entscheidung bereits zu kalkulieren. Der pathetische Ruf nach Verantwortlichkeit wird jedoch typischerweise dort erhoben, wo sich Gefahren nicht in so vergleichsweise einfacher Form in beherrschbare Risiken transformieren lassen. Aber es ist dann auch nicht zu erkennen, weshalb der moralische Appell an die individuelle Verantwortlichkeit besser geeignet sein soll, die Probleme zu lösen. Der Ruf nach Verantwortung setzt ja voraus, daß ‚verantwortliche' Personen als Verantwortungsträger in der Lage seien, bestimmte Probleme zu lösen, die andere nicht zu lösen vermögen.

Diese Zumutung hat in bestimmten Situationen ihren guten Sinn, nämlich überall dort, wo sich ein *Verantwortungsmarkt* bildet, wo sich also Personen finden, die gegen bestimmte Gratifikationen bereit und i. d. R. auch in der Lage sind, verantwortungsvolle Entscheidungen zu treffen. Wie die zahlreichen Haftungsausschließungsgründe in den allgemeinen Geschäftsbedingungen der verschiedensten Berufe zeigen, wird allerdings die zugemutete Verantwortung meist nur zum Teil übernommen. Wenn solche Verträge doch in großer Zahl zustande kommen, so hängt dies mit dem Vertrauen zusammen, das die Verantwortungsnachfrager in die Kompetenzen derjenigen setzen, die sich als Verantwortungsträger anbieten.

Die unlösbaren Verantwortungsprobleme beginnen dort, wo die Transformation von Gefahren in arbeitsteilig bearbeitbare Risiken noch nicht gelungen ist, und hier hilft auch kein Appell an die Verantwortlichkeit von ‚starken Männern' oder ‚erleuchteten Wissenschaftlern'. Ob und inwieweit es sich bei den kollektiven Gefährdungen, welche heute Gegenstand öffentlicher Sorge und Protests sind, um Gefahren handelt, welche sich tatsächlich nicht in handhabbare Risiken verwandeln lassen, oder ob es lediglich am notwendigen Vertrauen in getroffenen Schutzvorkehrungen, genauer am erforderlichen Systemvertrauen, fehlt, läßt sich oft nicht eindeutig feststellen. Die großen Kontroversen, die heute über die Risiken bestimmter Technologie stattfinden, haben nicht zuletzt mit *unterschiedlichen Risikodefinitionen* zu tun, also mit der Auswahl der zu berücksichtigenden möglichen Folgen und ihrer Bewertung.

In dieser Situation, in der die Entscheidungsverantwortung korporativer Akteure nicht auszureichen scheint, wird i.d.R. nach dem *Staat* gerufen, der durch entsprechende Auflagen die Entscheidungsprämissen der korporativen Akteure verändern soll. Hier ergeben sich jedoch Steuerungsprobleme, deren Erörterung ein wichtiges Thema gegenwärtiger sozialwissenschaftlicher Diskussionen darstellt, ohne daß bereits eine eindeutige Schlußfolgerung möglich wäre.

Da sich Entscheidungen immer auf die Zukunft beziehen, sind sie notwendigerweise riskant, ihre Folgen lassen sich im Regelfalle nur teilweise und mit einer gewissen Wahrscheinlichkeit voraussehen. Eine „Ethik der Zukunftsverantwortung" schlechthin oder auch eine „Verantwortung für die Zukunft der Menschheit"[12] kann niemand übernehmen, denn Sorgfaltspflichten können nur nach Maßgabe vorhandenen Kausalwissens übernommen werden. Es ist auch keineswegs selbstverständlich, welche möglichen Folgen bei einer Entscheidung in Betracht gezogen werden. In der Regel kümmern sich Entscheider nur um Folgen, die für sie selbst bedeutungsvoll sind, nicht um die Folgen für Dritte.

Eine vergleichsweise praktikable Strategie staatlichen Einwirkens bedient sich des erwähnten Prinzips der *Gefährdungshaftung*, das ja gerade auf die Folgenverantwortung für Entscheidungen abhebt. Es wird allerdings i. d. R. recht restriktiv gehandhabt, und es werden strenge Maßstäbe an den Nachweis der Kausalität der Schadensentstehung gestellt, denen viele Geschädigte nicht genügen können. Zudem bleiben die Haftungssummen notwendigerweise beschränkt und reichen daher gerade in den Fällen von Großkatastrophen wie beispielsweise dem Unglück von Bhopal oder den Contergan-Schäden nicht aus. In vielen Fällen wird den Nutzern gefährlicher Mittel auch die Einrede zugestanden, daß sie beim Stand der wissenschaftlichen Kenntnisse, die Entstehung der schädigenden Ereignisse nicht hätten voraussehen können. *Staatliche Regeln der Risikoverteilung sind zudem selbst riskant, weil sie Folgewirkungen auslösen können, die sich nicht voraussehen lassen.* Besonders schwierig ist dieSteuerung des Risikoverhaltens in Fällen, wo die schädigenden Effekte aus dem kumulativen oder gar synergetischen Zusammenwirkens mehrerer Akteure resultieren, also z. B. bei der Luftverunreinigung oder Gewässerverschmutzung. Nur solange der Kreis der für die Belastung einer natürlichen Ressource ursächlichen Akteure überschaubar bleibt, kann versucht werden, durch die Einführung von *Nutzer- und Haftungsverbänden* ein solidarisches Interesse an der Schadensminimierung zu entwickeln. Überall dort, wo eine unüberschaubare Zahl von Akteuren als potentielle Schädiger in Frage kommt, fehlt es bis heute an praktikablen Methoden der Schadensprävention.

Daß dies ein bedrohliches Problem darstellt – für die Reize unserer Natur, ja vielleicht sogar für die Grundlagen des Lebens in bestimmten Rgionen der Erde und im Grenzfall der Erde als ganzer –, ist schwerlich zu bestreiten. Insoweit es gelingt, das Bewußtsein einer gemeinsamen Bedrohung zu verbreiten, darf mit Bereitschaft zur Solidarität gerechnet werden, und insoweit sind auch die Kassandrarufe keineswegs funktionslos. Allerdings kann die Solidarität selbst einer Mehrheit nicht die Neigung einer Minderheit verhindern, als ‚Trittbrettfahrer' von dem verantwortlichen Verhalten der Mehrheit zu profitieren. Um dies zu verhindern, bedarf es institutioneller Vorkehrungen, deren Praktikabilität sich nur schrittweise herausstellen kann. Die Institutionalisierung von Rechtspflichten, mit denen der Staat heute vor allem diesen Problemen zu begegnen sucht, kann allerdings die Bereitschaft zu solidarischem Verhalten beeinträchtigen und Vermeidungsstrategien stimulieren, die oft nicht weniger schädlich sind. *Die eigentliche Herausforderung besteht darin, institutionelle Arrangements zu entwickeln, welche Lernfähigkeit und freiwillige Anpassung ‚belohnen'.* Ein klassisches Beispiel ist die Einführung der Berufsgenossenschaften zur Kompensierung des Schadens bei Berufsunfällen. Sie haben sich – zumindest in Deutschland – zu Spezialisten der Unfallprävention und der beruflichen Rehabilitation entwickelt und damit einer großen Klasse frühindustrieller Gefährdungen ihre Schrecken genommen. Wir können nur hoffen, daß sich auch für die heutigen Gefährdungen innovative Lösungen finden lassen.

Anmerkungen

1. Einleitung: Zauberformel Verantwortung

[1] E.-J. Lampe (Hg.), Verantwortlichkeit und Recht. Jahrbuch für Rechtssoziologie und Rechtstheorie, Bd. 14, Opladen 1989

[2] H. Lenk / M. Maring, Verantwortung und soziale Fallen. Mit Kommentaren von D. Bierlein, N. Hager, B. Halfar, W. Hassemer, R. Hegselmann, K. Homann, F.-X. Kaufmann, H. Kliemt, K.-H. Ladeur, W. Loh, H.-U. Nennen, O. Neumaier, R. Piepmeier, F. Rapp, G. Ropohl, E. K. Scheuch, V. Vanberg, H. Willke. In: Ethik und Sozialwissenschaften I (1990), Heft 1, S. 49–105.

[3] E. v. Schenck, Die anthropologische Kategorie der Verantwortung. In: Studia Philosophica, Vol. XIV (1956), S. 179

[4] Zitiert nach O. Höffe, Schulden die Menschen einander Verantwortung? Skizze einer fundamentalethischen Legitimation. In: Lampe, a. a. O. S. 16

[5] Ebenda S. 15

[6] Hervorzuheben sind: H. Jonas, Das Prinzip Verantwortung, Versuch einer Ethik für die technologische Zivilisation. Frankfurt a. M. 1979; P. Saladin, Verantwortung als Staatsprinzip. Stuttgart 1984; K. O. Apel, Diskurs und Verantwortung. Frankfurt 1990; V. Hösle, Die Krise der Gegenwart und die Verantwortung der Philosophie. München 1990.

[7] H. Jonas, a. a. O. S. 391

2. Der Ruf nach Verantwortung: Zusammenhänge

[1] Vgl. U. Beck, Risikogesellschaft. Auf dem Weg in eine andere Moderne. Frankfurt a. M. 1986; ders., Gegengifte – die organisierte Unverantwortlichkeit. Frankfurt a. M. 1988. Die weitgehende Beliebigkeit der Rede vom Risiko dokumentieren auch die Beiträge in M. Schütz (Hg.), Risiko und Wagnis – Die Herausforderung der industriellen Welt. 2 Bde., Pfullingen 1990.

[2] Vgl. N. Luhmann, Soziologie des Risikos. Berlin – New York 1991; Charles Perrow, Normale Katastrophen. Frankfurt 1987

[3] Auf die Gefahren der Gentechnologie hat frühzeitig L. E. Cavalieri aufmerksam gemacht: The Double-Edged Helix. Genetic Engineering in the Real

World. New York 1981. – Zur ethischen Problematik vgl. H. Jonas, Technik, Medizin und Ethik. Praxis des Prinzips Verantwortung. Frankfurt a. M. 1987

[4] Einen guten Überblick gibt E. U. v. Weizsäcker, Weltpolitik – Ökologische Realpolitik an der Schwelle zum Jahrhundert der Umwelt. Darmstadt 1989

[5] Vgl. hierzu bahnbrechend M. Douglas und A. Wildavsky, Risk and Culture. New York 1983

[6] Z. B. St. Galler Beiträge zur Wirtschaftsethik. Bern und Stuttgart 1987 ff. – G. Enderle, K. Homann, M. Honecker, W. Kerber, H. Steinmann (Hg.), Lexikon der Wirtschaftsethik, Freiburg i. Br. 1993

[7] Vgl. A. Jäger, Wirtschaftsethik als künftige Wissenschaft. In: Die Mitarbeit, 35. Jg. (1986), S. 1–17

[8] In diesem Sinne prägnant: H.-U. Küpper, Verantwortung in der Wirtschaftswissenschaft. In: Zeitschrift für betriebswirtschaftliche Forschung, Bd. 40 (1988), S. 318–339

[9] Einen Überblick über verschiedene Tendenzen gibt F. Hengsbach, Wirtschaftsethik: Aufbruch – Konflikte – Perspektiven. Freiburg i. Br. 1991, S. 35–80. Vgl. auch G. Enderle (Hg.), Ethik und Wirtschaftswissenschaft. Berlin 1985; B. Biervert / M. Held (Hg.), Ethische Grundlagen der ökonomischen Theorie. Frankfurt/New York 1989

[10] F. H. Knight, Risk, Uncertainty, and Profit. Boston 1921

[11] Vgl. insbes. G. Simmel, Philosophie des Geldes, zuerst München und Leipzig 1907

[12] N. Luhmann, Wirtschaftsethik – als Ethik? Ms. Bielefeld 1991, S. 7 f.

[13] Hengsbach, a. a. O. S. 18

[14] Vgl. H. Jonas, Das Prinzip Verantwortung. Versuch einer Ethik für die technologische Zivilisation. Frankfurt a. M. 1979

[15] Vgl. H. Lenk, Zur Sozialphilosophie der Technik. Frankfurt a. M. 1982, S. 214 ff.

[16] Vgl. O. Höffe, Schulden die Menschen einander Verantwortung? Skizze einer fundamentalethischen Legitimation. In: E.-J. Lampe (Hg.), Verantwortlichkeit und Recht. Jahrbuch für Rechtssoziologie und Rechtstheorie, Bd. 14, Opladen 1989, S. 12–35

[17] Vgl. K. O. Apel, Diskurs und Verantwortung. Das Problem des Übergangs zur postkonventionellen Moral. Frankfurt a. M. 1990

[18] Vgl. W. Schluchter, Wertfreiheit und Verantwortungsethik. Zum Verhältnis von Wissenschaft und Politik bei Max Weber. Tübingen 1971, S. 7 ff.

[19] M. Weber, Politik als Beruf. 5. A. Berlin 1968, S. 51

[20] Ebenda. S. 57 f.

[21] Vgl. H. Tyrell, Die Tragödie der Religion. Ms. Bielefeld 1990

[22] Weber, a. a. O. S. 58

[23] Vgl. H. Baier, Friedrich Nietzsche und Max Weber in Amerika. In: Nietzschestudien Bd. 16 (1987), S. 430–436

[24] Vgl. Schluchter, a.a.O. S. 18 ff.
[25] Vgl. E. Richter, Politische Ethik als Verantwortungsethik – Die Folgenabschätzung als Begründungsfundament? In: Archiv für Rechts- und Sozialphilosophie, 78. Jg. (1992), S. 166–182
[26] Richter, a.a.O. S. 181 f.

3. Risiko und Verantwortung

[1] F. H. Knight, Risk, Uncertainty, and Profit (1921) repr. New York 1965, S. 197 ff.
[2] Allerdings gilt das nur für die vom Unternehmer zu tragenden Kosten, nicht für die sog. externen Effekte, z. B. Umweltbelastungen.
[3] Eine entsprechende Strategie hat G. L. S. Shackle, Decision, Order and Time in Human Affairs (Cambridge 1961) vorgeschlagen.
[4] Vgl. A. Evers / H. Nowotny, Über den Umgang mit Unsicherheit: Die Entdeckung der Gestaltbarkeit von Gesellschaft. Frankfurt a. M. 1987; zur Kritik an U. Beck siehe A. Evers, Risiko und Individualisierung. In: KOMMUNE 6/1989, S. 33–48
[5] Zu dieser Unterscheidung vgl. F.-X. Kaufmann, Sicherheit als soziologisches und sozialpolitisches Problem. 2. A. Stuttgart 1973, S. 264 ff.
[6] Evers/Nowotny, a.a.O. S. 34
[7] N. Luhmann, Soziologie des Risikos. Berlin/New York 1991, S. 30 f.
[8] Die Unterscheidung von Knight wird in der neueren Entscheidungstheorie weitgehend aufgegeben, da – abgesehen von den versicherungstechnischen Massenrisiken – objektivierbare Wahrscheinlichkeitsverteilungen von Ergebnissen nur selten vorkommen, also nahezu alle Entscheidungen auch Elemente der Ungewißheit enthalten.
[9] Sie klammern also die positiv bewerteten Möglichkeiten aus dem Risikobegriff aus und argumentieren auf der Basis sozialer Objektivierungen. Eben diese sind aber in der neueren Risikodiskussion gerade umstritten.
[10] Genauer gesagt geht es hier um die Differenz von Haben und Nicht-Haben, bzw. die „Differenz von Zugriff und Exclusion, die in der Institution des Eigentums sachlich und sozial und gesellschaftsweit reflektiert und abgesichert ist." D. Becker, Information und Risiko in der Marktwirtschaft. Frankfurt a. M. 1988, S. 116
[11] Vgl. N. Luhmann, Ökologische Kommunikation: Kann die moderne Gesellschaft sich auf ökologische Gefährdungen einstellen? Opladen 1986
[12] Luhmann, Soziologie des Risikos, a.a.O. S. 25
[13] Ebenda S. 27
[14] Evers/Nowotny, a.a.O. S. 35

[15] Vgl. J.G. March / Z. Shapira, Managerial Perspectives on Risk and Risk Taking. In: Management Science 33 (1987), S. 1404–1413

[16] Zu Unterschieden in der Einschätzung rechtlich verbotener Verhaltensweisen bei Führungskräften vgl. F.-X. Kaufmann / W. Kerber / P.M. Zulehner, Ethos und Religion bei Führungskräften. München 1986, S. 81 ff., 106 f.

[17] Vgl. Kaufmann, Sicherheit, a.a.O. S. 270 ff.

[18] Vgl. Luhmann, Soziologie des Risikos, a.a.O. S. 132 ff.

[19] Der folgende Systematisierungsversuch ist breiter als derjenige von Herbert L.A. Hart (Punishment and Responsibility. Essays in the Philosophy of Law, Oxford 1968): Hart unterscheidet im wesentlichen Aspekte der juristischen Verantwortung, die er dann auf andere Phänomene extrapoliert. Hier werden dagegen verschiedene disziplinäre Verantwortungsdiskurse zum Ausgangspunkt der Systematisierung genommen.

[20] F. Ewald (L'état providence, Paris 1986, S. 64 ff.) macht auf den liberalen Hintergrund der Kategorie Verantwortung aufmerksam. Verantwortung bedeutet im Liberalismus primär Eigenverantwortung, Verantwortung für sich selbst.

[21] So bereits 5. Mos. 24, 16.

[22] Eine subjektphilosophische Begründung der Verantwortung des Individuums gibt z.B. W. Schulz, Philosophie in der veränderten Welt. Villingen 1972; zur tauschtheoretischen Begründung vgl. O. Höffe, Schulden die Menschen einander Verantwortung? Skizze einer fundamentalethischen Legitimation. In: E.J. Lampe (Hg.), Verantwortlichkeit und Recht. Jahrbuch für Rechtssoziologie und Rechtstheorie, Bd. 14, Opladen 1989, S. 12–35; zur theologischen Begründung vgl. F. Böckle, Theologische Dimensionen der Verantwortlichkeit unter den Bedingungen des weltanschaulichen Pluralismus. In: Ebenda, S. 61 ff.. Wertethische, prinzipienorientierte und diskurstheoretisch orientierte fundamentalethischer Begründungsversuche (vgl. Kap. 2, FN. 14, 15, 17) setzen dagegen die Selbstverpflichtung des Subjektes unter den von ihnen spezifizierten Bedingungen bereits voraus.

[23] Jonas. Das Prinzip Verantwortung, a.a.O. S. 174

[24] K. Larenz, zit. nach R. Zippelius, Varianten und Gründe rechtlicher Verantwortlichkeit. In: Lampe, a.a.O. S. 257.

[25] Vgl. Zippelius, ebenda. S. 258 ff.

[26] Vgl. H. Benjamin Constant de Rebecque, De la responsabilité des ministres. Paris 1815. Vgl. zum folgenden auch F.-X. Kaufmann, Über die soziale Funktion von Verantwortung und Verantwortlichkeit. In: Lampe, a.a.O. S. 208 ff.

[27] G. Picht, Wahrheit, Vernunft, Verantwortung. Philosophische Studien. Stuttgart 1969, S. 320

[28] P. Saladin, Verantwortung als Staatsprinzip. Stuttgart 1984, S. 30

[29] Streng genommen gibt es also keine Verantwortung gegenüber ‚sich selbst'. Wer nur eine Verantwortung gegenüber sich selbst anerkennt, lehnt Verantwortung in Wirklichkeit ab. Dies wird auch empirisch daran deutlich, daß Personen, die sich primär als ‚sich selbst' verantwortlich bezeichnen, überwiegend opportunistische Auffassungen vertreten und Pflichten ablehnen. Vgl. Kaufmann u. a., Ethos und Religion bei Führungskräften, a. a. O. S. 93, 106 ff., 115 f., 281 ff.

4. Gesellschaftliche Komplexität als Herausforderung an die Ethik

[1] P. Fauconnet, La responsabilité, Paris 1920.
[2] Luhmann (Soziologie des Risikos, a. a. O. S. 168 ff.) gibt einen prägnanten Überblick über die Aporien (d. h. philosophischen Ausweglosigkeiten) ethischer Diskurse, sobald sie unmittelbare politische Bedeutung beanspruchen.
[3] Vgl. N. Elias, Über den Prozeß der Zivilisation, Frankfurt a. M. 1976, Bd. 2, S. 312 ff.
[4] Natürlich sind auch weitergehende inter-organisatorische Verflechtungen denkbar, wie wir sie z. B. in Konzernstrukturen, aber auch in anderen Verflechtungsformen finden. Charakteristisch ist dann, daß dieselben Personen in mehreren Unternehmungen Funktionen innehaben. Dadurch erwachsen ihnen u. U. gesteigerte Einflußmöglichkeiten, die jedoch nach außen hin nicht als gesteigerte Verantwortung in Erscheinung treten. Vielmehr soll die organisatorische Fragmentierung in der Regel gerade auch eine Beschränkung der Verantwortung sicherstellen!
[5] Die Koordinationsprobleme werden in Abschnitt 6. 2. erörtert.
[6] K. Bayertz, Wissenschaft, Technik und Verantwortung. In: ders. (Hg.), Praktische Philosophie – Grundorientierungen angewandter Ethik. Reinbek bei Hamburg 1991, S. 188
[7] Vgl. C. Perrow, Normale Katastrophen – Die unvermeidbaren Risiken der Großtechnik. Frankfurt/New York 1987
[8] Ebenda S. 24
[9] Ebenda S. 25
[10] Vgl. hierzu auch J. Halfmann / K. P. Japp (Hg.)., Riskante Entscheidungen und Katastrophenpotentiale. Elemente einer soziologischen Risikoforschung. Opladen 1990
[11] So die zentrale These von Kaufmann, Sicherheit, a. a. O. passim
[12] N. Seelhammer, Art. Doppelwirkung einer Handlung. In: Lexikon für Theologie und Kirche, 2. A., Bd. 3, Freiburg 1959, Sp. 516 f.
[13] Vgl. O. Höffe, Schulden die Menschen einander Verantwortung? a. a. O. S. 13 ff.
[14] Ebenda S. 23

¹⁵ Diese Skizze orientiert sich am Typus privater Organisationen. In öffentlichen Verwaltungen sind derartige Präzedenzentscheidungen hochgradig verrechtlicht und daher noch verbindlicher.

5. Verantwortung und Verantwortlichkeit

¹ Vgl. zum folgenden Kaufmann, Über die soziale Funktion von Verantwortung und Verantwortlichkeit. In: Lampe, a. a. O., S. 204–224

² Und es gilt auch: „Je komplexer ein technisches System ist, desto größer ist auch die Zahl seiner Gestaltungsvarianten" (Bayertz, a. a. O., S. 180). Der Handlungsspielraum steigt mit der fortschreitenden Arbeitsteilung

³ Eine bemerkenswerte Ausarbeitung dieses Themas gibt G. L. S. Shackle, Decision, Order and Time in Human Affairs. Cambridge 1969

⁴ Zu den Kardinaltugenden immer noch lesenswert: J. Pieper, Das Viergespann. München 1964

⁵ Zahlreiche Beispiele gibt Perrow, Normale Katastrophen,. a. a. O.; vgl. auch Abschnitt 5.3

⁶ Vgl. H. Lenk, Ethikkodizes für Ingenieure. In: H. Lenk / G. Ropohl, Technik und Ethik. Stuttgart 1987, S. 194–221, bes. S. 198 ff.

⁷ Ebenda S. 200 f.

⁸ Vgl. hierzu im deutschen Sprachraum grundlegend N. Luhmann, Funktion und Folgen formaler Organisation. Berlin 1964

⁹ Zum Begriff des Systemvertrauens vgl. N. Luhmann. Vertrauen – Ein Mechanismus der Reduktion sozialer Komplexität. Stuttgart 1968, S. 44 ff.

¹⁰ Diese soziale Kontrolle scheint in Berufsverbänden jedoch durch interne Solidarisierungen („Eine Krähe hackt der anderen nicht die Augen aus") in ähnlicher Weise beeinträchtigt wie im nachfolgend näher untersuchten Fall der Wirtschaftsunternehmung. Im Gegensatz zur sog. Unternehmerhaftung (§ 278 und 831 BGB) fehlt es jedoch bisher an einer verbandlichen Haftung für mangelhafte Kontrolle der Mitglieder.

¹¹ Vgl. zum Folgenden auch H. Geser, Interorganisationelle Normkulturen. In: Kultur und Gesellschaft. Verhandlungen des 24. Deutschen Soziologentags, des 11. Österreichischen Soziologentags und des 8. Kongresses der Schweizerischen Gesellschaft für Soziologie in Zürich 1988. Frankfurt/New York 1989, S. 211–223. Geser spricht Organisationen eine „gesteigerte Moralfähigkeit" (S. 220), ja eine „moralische Überlegenheit" (S. 215) gegenüber Individuen zu. Dies scheint mir angesichts der tendenziell opportunistischen Disposition von Organisationen eine mißverständliche Redeweise. Mit der hier eingeführten Bindung des Verantwortungsbegriffs an (individuelle oder kollektive) Entscheidungen und der tendenziellen Entkoppelung von Organi-

sationsverantwortung und ethischen Bindungen wird m. E. das auch von Geser verfolgte Ziel, unterschiedliche Bedingungen individueller und organisationeller Handlungen zu spezifizieren, besser erreicht. In einer neueren Arbeit (Organisationen als soziale Akteure, in: Zeitschrift für Soziologie, Jg. 19 (1990), S. 401-417) nimmt übrigens auch Geser die moraltheoretische Stoßrichtung seiner Argumentation zurück.

[12] Geser, Organisationen als soziale Akteure, a. a. O. S. 412

[13] Selbstverständlich gilt dies nur für Handlungen, die ein Individuum in seiner Eigenschaft als Organ vornimmt. Verletzt z. B. ein Vorstandsmitglied auf einer beruflich bedingten Fahrt einen anderen Verkehrsteilnehmer, haftet hierfür grundsätzlich nicht das Unternehmen.

[14] Im Falle des neuen Produkthaftpflichtgesetzes ist z. B. die Haftpflicht bei Massenschädigungen auf 160 Mio. DM pro Risikofall beschränkt.

[15] In enger Anlehnung an die Formulierungen Perrows, a. a. O., S. 2-10.

[16] Das Schrifttum ist bereits unübersehbar. Vgl. zur Wissenschaftsethik grundsätzlich O. Höffe, Wann ist Forschungsethik kritisch? In. Merkur No. 482, 43, Jg. (1989), S. 305-316; Max-Planck-Gesellschaft (Hg.), Verantwortung und Ethik in der Wissenschaft. Stuttgart 1985. - Zur Technikethik vgl. insbesondere H. Lenck/G. Ropohl (Hg.), Technik und Ethik. Stuttgart 1987. - Im Bereich der Wirtschaftsethik muß deutlich zwischen zwei Denkrichtungen differenziert werden, nämlich denjenigen, welche Kriterien zur Legitimation und wirtschaftspolitischen Steuerung des Wirtschaftssystems als ganzem diskutieren (vgl. etwa H. C. Binswanger – A. Jäger: Ökonomie und Ökologie. In: Zwischen Wachstum und Lebensqualität. München 1980, S. 70-115) und der sog. Unternehmensethik. Vgl. hierzu H. Steinmann / A. Löhr (Hg.), Unternehmensethik. Stuttgart 1989.

[17] Diesen Gedanken verdanke ich Professor Alfred Jäger, Bethel-Bielefeld.

[18] Vgl. V. H. Schmidt, Lokale Gerechtigkeit - Perspektiven soziologischer Gerechtigkeitsanalyse. In: Zeitschrift für Soziologie, 21. Jg. (1992), S. 3-15.

[19] Vgl. P. Adelt, H. Müller, A. Zitzmann, Umweltbewußtsein und Konsumverhalten - Befunde und Zukunftsperspektiven. In: R. Szallies / G. Wiswede (Hg.), Wertewandel und Konsum. 2. A. Landsberg/Lech 1991, S. 155-184

6. Grenzen der Verantwortung

[1] Vgl. Vgl. J. C. Bongaerts / R. A. Kraemer, Liability Roles, Insurance and Reduction of Risk of Environmental Damages. In: The Environmental Professional, Vol. 11 (1989), S. 209-219

[2] Vgl. zum folgenden N. Brunsson, The Irrational Organization. Irrationality as a Basis for Organizational Action and Change, Chichester 1985, bes. Kap. 3

[3] Vgl. F.-X. Kaufmann, The Relationship between Guidance, Control and

Evaluation. In: ders. (Hg.), The Public Sector. Challenge for Coordination and Learning. Berlin/New York 1991, S. 213–243, bes. S. 228

⁴ Zum solidarischen Koordinationstypus vgl. K. Gretschmann, Solidarity and Markets Reconsidered. Ebda S. 395–415; F.-X. Kaufmann, Solidarität als Steuerungsform – Erklärungsansätze bei Adam Smith. In: F.-X. Kaufmann / H. G. Krüsselberg (Hg.), Markt, Staat und Solidarität bei Adam Smith. Frankfurt/New York 1984, S. 158–184

⁵ K. Homann, Kollektive Probleme und individualethisches Paradigma: Ein Kommentar zu dem Beitrag von Hans Lenk und Mathias Maring. In: Ethik und Sozialwissenschaften, Bd. 1 (1990), S. 68 (s. a. Abschn. 1 FN 2)

⁶ Vgl. R. Mayntz / T. P. Hughes (Hg.), The Development of Large Technical Systems. Frankfurt/New York 1988

⁷ Vgl. hierzu grundlegend P. Hiller, Risiko und Zeitorientierung in rechtsförmigen Verwaltungsentscheidungen. Diss. Universität Bielefeld, Fakultät für Soziologie, Ms. 1991

⁸ Vgl. R. Mayntz u. a., Vollzugsprobleme der Umweltpolitik. Stuttgart 1978

⁹ Vgl. J. Hilbert / H. Voelzkow, Umweltschutz durch Wirtschaftsverbände? Das Problem verbandlicher Verpflichtungsfähigkeit am Beispiel umweltschutzinduzierter Selbstbeschränkungsabkommen. In: M. Glagow (Hg.), Gesellschaftssteuerung zwischen Korporatismus und Subsidiarität. Bielefeld 1984, S. 140 ff.

¹⁰ Hiller, a. a. O., S. 146

¹¹ Vgl. U. K. Preuß, Risikovorsorge als Staatsaufgabe. Rechtliche Formen der Wahrnehmung und Bewältigung von Risikolagen. In: D. Grimm (Hg.), Staatsaufgaben. Baden-Baden (im Druck)

¹² Jonas. Das Prinzip Verantwortung, a. a. O. S. 175, 245

Themen im Brennpunkt

Eugen Drewermann
Die Spirale der Angst
Der Krieg und das Christentum
Mit vier Reden gegen den Krieg am Golf
Band 4003

Ein Buch für eine neue Qualität des Zusammenlebens in Politik, Gesellschaft und Religion.

Richard Lamerton
Sterbenden Freund sein
Helfen in der letzten Lebensphase
Vorwort von Paul Türks
Band 4004

Richard Lamerton, ein Arzt der Hospizbewegung, zeigt: menschliche Nähe für Sterbende und Trauernde ist wichtig und möglich.

Tüchtig oder tot
Die Entsorgung des Leidens
Herausgegeben von Jürgen-Peter Stössel
Band 4012

Zählen nur noch Geld und Leistung?

Friedhelm Hengsbach
Wirtschaftsethik
Aufbruch – Konflikte – Perspektiven
Band 4013

Probleme, die jeden angehen: Hengsbach setzt die Eckpfeiler einer verantwortlichen Neuorientierung. „Buch des Monats" (Publik Forum).

Elie Wiesel
Den Frieden feiern
Mit einer Vorrede von Václav Havel
Band 4019

"Wir kennen den Preis, den man für Kriege bezahlt. Welchen Preis darf man für den Frieden bezahlen?"

HERDER / SPEKTRUM

Stephan H. Pfürtner
Fundamentalismus
Die Flucht ins Radikale
Band 4031
Eine glänzende Analyse – von den Fußball-Hooligans bis zum religiösen Fanatismus.

Eugen Drewermann
Der tödliche Fortschritt
Von der Zerstörung der Erde und des Menschen im Erbe des Christentums
Band 4032
Eine erschreckende Bilanz – zugleich ein Plädoyer für ein neues Menschenbild.

Dieter Oberndörfer
Die offene Republik
Zur Zukunft Deutschlands und Europas
Band 4034
Eine realistische Vision, ein Modell zur Lösung der politischen, sozialen und kulturellen Probleme des neuen Deutschland.

Gerd Michelsen
Unsere Umwelt ist zu retten
Was ich gewinne, wenn ich mein Verhalten ändere
Band 4035
Es ist fünf vor zwölf. Aber wenn sich individuelles und politisches Engagement verschränken, gibt es noch Chancen für die Umwelt.

Karlheinz Weißmann
Druiden, Goden, Weise Frauen
Zurück zu Europas alten Göttern
Band 4045
Kelten- und Germanenkulte, die faszinieren durch ihre Nähe zum Elementaren, zur Erde.

HERDER / SPEKTRUM

Gerhard Bühringer
Drogenabhängig
Wie wir Mißbrauch verhindern und Abhängigen helfen können
Band 4064

Lexikon Medizin – Ethik – Recht
Darf die Medizin, was sie kann?
Information und Orientierung
Herausgegeben von Albin Eser, Markus von Lutterotti und Paul Sporken
Band 4073
„Eine lohnende Lektüre" (Deutsche Apothekerzeitung).

Namo Aziz
Kein Weg nach Hause
Schmerz und Traum der Kurden
Band 4074

Wechselnde Fremdherrschaft. Aufstände. Giftgasangriffe. Eine kurdische Familie sucht ihre Heimat.

Koni Nordmann/Heiko Sobel
"Ich kann nicht mehr leben wie ihr Negativen"
AIDS-Zeit
Mit Textbeiträgen von Barbara Lukesch, Catherine Duttweiler, Gaby Weiss
Band 4082

Hier erhält Aids ein Gesicht, Tragödien bekommen einen Namen. Ein Buch gegen die Verdrängung, das man nicht so schnell vergißt: sensibel, aber nicht sentimental.

Christine von Weizsäcker/Elisabeth Bücking (Hrsg.)
Mit Wissen, Widerstand und Witz
Frauen für die Umwelt
Band 4093

Sie blockieren, demonstrieren und intervenieren. In allen Teilen der Welt kämpfen engagierte Frauen den Kampf für die Umwelt, gegen Lobbyisten und Dummheit.

HERDER / SPEKTRUM

Gunda Schneider
Noch immer weint das Kind in mir
Eine Geschichte von Mißbrauch, Gewalt und neuer Hoffnung
Mit einem Nachwort von Irene Johns
Band 4097

Alle haben es gemerkt und jeder hat geschwiegen – auch Gunda selbst. Erst als erwachsene Frau kann sie die Erfahrung des Inzests in Worte fassen.

Scientology – der Griff nach Macht und Geld
Selbstbefreiung als Geschäft
Herausgegeben von Friederike Valentin und Horand Knaup
Band 4109

Praktiken und Programm eines weltweit vernetzten Wirtschaftsgiganten, der sich als Heilsbringer tarnt.

Thomas Görnitz
Carl Friedrich von Weizsäcker
Ein Denker an der Schwelle zum neuen Jahrtausend
Band 4125

Die fesselnd geschriebene Hommage an einen eindrucksvollen Menschen und prophetischen Kritiker unserer Zeit.

Heiko Flottau
Die Bande der Clans
Die arabische Welt besser verstehen
Band 4126

Zwei Revolutionen haben den Orient entscheidend geprägt: der Koran und die Entdeckung des Erdöls. Einsichten in ein vielschichtiges Wertesystem.

Hartmut Stegemann
Die Essener, Qumran, Johannes der Täufer und Jesus
Ein Sachbuch
Band 4128

Das Geheimnis der Höhlen von Qumran und einer der einflußreichsten religiösen Vereinigungen zur Zeit Jesu.

HERDER / SPEKTRUM

Thea Bauriedl
Wege aus der Gewalt
Analyse von Beziehungen
Band 4129

Gewalt und Mißbrauch zwischen den Geschlechtern, die alltäglich gewordenen Agressionen in unserer Gesellschaft. Die bekannte Psychoanalytikerin entwirrt komplizierte Beziehungen.

Fremd in einem kalten Land
Ausländer in Deutschland
Herausgegeben von Namo Aziz
Band 4130

Fremdsein ist soziale Realität, existentielle Erfahrung und politisches Problem zugleich. Ein engagiertes Plädoyer für einen neuen Umgang miteinander.

Georg Denzler
Die Geschichte des Zölibats
Band 4146

Das Zölibat – fast schon ein Existenzproblem für die katholische Kirche. Eine kritische Bestandsaufnahme des streitbaren Theologen.

Tom McLean
Die schwindende Zeit
Leben mit Aids
Band 4157

Keine Geschichte über das Sterben, sondern die Geschichte eines unbändigen Lebenswillens trotz des tödlichen Virus.

Richard Schröder
Deutschland schwierig Vaterland
Band 4160

Warum uns die Einheit zu schaffen macht: Wege aus Verliererfrust und Siegesdünkel. Der bestechende Entwurf für eine solidarische Republik.

HERDER / SPEKTRUM

Für ein bewußtes Leben

Dietmar Mieth
Das gläserne Glück der Liebe
Band 4063
Die spannungsreiche Einheit von Eros und Verantwortung steht im Zentrum dieses sensiblen Buches.

Chérie Carter-Scott
Negaholiker
Das Rettungsbuch für alle Schwarzseher und notorischen Pessimisten
Band 4075
Das praktische Selbsthilfeprogramm für alle, die sich weniger zutrauen, als sie wirklich können. Ein wahrer Lichtblick.

Walter Sydow
Sisyphos lernt tanzen
Ein Mann geht den Weg der Befreiung
Band 4131
Die Geschichte eines Helden, der lernt, kein Held mehr sein zu müssen. Ein intelligentes Lese-Vergnügen voll hintergründigem Psycho-Witz.

Micha Hilgers
Total abgefahren
Psychoanalyse des Autofahrens
Band 4133
Spritgefühle und gestaute Emotionen: das freche Aufklärungsgeschenk für Autofahrer, Beifahrer und Radfahrer, aber auch für die Fußgänger am Rand der Bordsteinkante.

Dorothy Corkille Briggs
Selbstvertrauen wirkt Wunder
Wege zu neuem Lebensmut
Band 4134
Wirkungsvolle Tips zur Entwicklung eines Selbstwertgefühls, das die vielen Stolpersteine im Leben überwinden hilft.

HERDER / SPEKTRUM